布で作る立体模様
ラティススモッキング

見てわかる20種類のパターンと
アレンジ作品

上村 幸

Prologue／はじめに

　ラティススモッキングとは布を裏から格子状に縫い縮めて表に柄を出す手法で、カナディアンスモッキング、ノースアメリカンスモッキングとも呼ばれています。最古では1780年代製作のドレスに施され、1970年代に枕やクッションの装飾に用いられたのが広まったきっかけとされています。

　ラティススモッキングをすることでシンプルな1枚の布にまるで彫刻のような立体感が生まれます。格子のサイズや布の素材、パターンとの組み合わせによって無限のバリエーションを表現できます。

　私はこの手法に出合って形のおもしろさとリズミカルに手を動かす楽しさにはまり、ひたすら没頭して刺しました。この本ではその中でも特に夢中になったパターンをアレンジしやすいように紹介しています。立体感の厚みは芯の代わりになるのでバッグやポーチに、自然に生まれるフリルやドレープは服作りの装飾にきっと新しいアイデアをくれると思います。

　針と糸そして布があれば、ぜひ小さなスワッチから試してみてください。縫い進めるごとに浮き出てくる立体模様に手が止まらなくなります。この本が夢中になれる時間と新しい楽しさを生み出すきっかけになってくれたら嬉しいです。

上村 幸

Contents / もくじ

はじめに 2
この本について 6
ラティススモッキングの基礎 7
道具 44
材料 45
布について 46
3つのアレンジ 48

P.10　P.12　P.14　P.16　P.18

P.20　P.21　P.24　P.25　P.27

P.29　P.30　P.32　P.34　P.36

P.38　P.39　P.40　P.42

斜線、直線に布を突き合わせる

LATTICE／格子
P.50

BRAID／三つ編み
P.56

SHELL／貝
P.58

LEAF／葉
P.60

BONES／骨
P.62

WAVE／波
P.64

CRISSCROSS BONES
／クロスボーン
P.66

ARROW／矢
P.68

BRICKS／レンガ
P.70

BUBBLES／泡
P.76

HEART／ハート
P.78

LOZENGE／ロゼンジ
P.80

DOUBLE LATTICE
／ダブルラティス
P.82

RATTAN／籐
P.84

DRAGON SCALES
／龍のうろこ
P.88

PUZZLE／パズル
P.92

四隅をすくって絞る

FLOWER／花
P.98

HOURGLASS
／砂時計
P.102

DIAMOND
／ダイヤモンド
P.104

BOXES／箱
P.106

LATTICEの刺し方　52

BRICKSの刺し方　72

RATTANの刺し方　86

DRAGON SCALESの刺し方　90

PUZZLEの刺し方　94

FLOWERの刺し方　100

P.25 サコッシュの作り方　108

作品の作り方　113

About this book ／この本について

　ラティススモッキングの刺し方別で2つの章に分けて掲載しています。ひとつめは斜線や直線の両端をすくって布を突き合わせるタイプ、もうひとつは四隅をすくって引き絞るタイプです。それぞれの章は、テクニック的に簡単なもの、刺し方が似ているものから順に並べています。

　パターンページに掲載している見本パターンはリネン（アルテモンド：Jリネン）を使っています。サイズは約20cm角です。パターンによって伸縮度が変わるので、サイズには微妙に差が出ます。

斜め　LEAF

横　LOZENGE

縦　RATTAN

四隅　FLOWER

　各ラティススモッキングのパターンは見開きで解説しています。左ページにはパターン写真の表裏、この約20cm角のスワッチを作るために必要な布のサイズ、布の伸縮度、プレス（アイロン）の必要性、ポイントを掲載しています。右ページには刺し方図と刺し方を掲載しています。糸の渡し方や、角をすくって布を突き合わせる部分と糸を渡す部分で色分けしています。基本となるようなパターンやポイントとなるパターンは、写真で刺し方を解説しています。

パターン名

表から見たパターン

約20cm角を作るのに必要な布のサイズです。サイズはパターンによって違います。糸の渡し方によって正方形に近いものもあれば縦に長いものもあるので、もとの布のサイズを考えるのに役立ちます。

格子の1マスが何cmかをあらわしています。☐2cmの場合は2cm角の格子を描きます。

裏から見たパターン。裏を見ながら刺していくので、糸の渡りや見た目の参考にしてください。

刺すときのポイント、布の伸縮度やプレスの必要性など出来上がったパターンを使う上での特徴をあげています。

格子に赤と青の線で刺し方を解説しています。刺し方図の詳細は7ページを参照してください。

Basics of Lattice Smocking ／ラティススモッキングの基礎

ラティススモッキングは布に格子を描き、角をすくって布同士を突き合わせるか、引き絞って立体の形を作ります。
どの角を突き合わせるか、どう糸を渡すかによって出来上がる形が違います。
刺し方は同じことのくり返しなので、順序を覚えれば簡単に刺し進めることができます。

■ 刺し方図について

アルファベットの順に刺します

1から順に刺します。ここでは縦の1から14に向かって横1・2の2列ごとに刺し、14まで刺せたら横の3・4を上から下に刺します。

青の破線は、糸を渡す針の動きです。次の角に移るために糸と布を固定させて糸を渡します。刺し方は8ページを参照してください。

矢印は進む方向です。このパターンでは上から下に差し進みます。

1本の糸で刺し進めるのに使う列数。ここでは1本の糸で2列に渡って刺します。

まずは布の裏に格子の線を引きます。この格子に沿って刺します。

赤とピンクの線は、すくった角を突き合わせる（または四隅をすくって引き絞る）針の動きです。順に角をすくって糸を引いて角を突き合わせます。刺し方は8ページを参照してください。

2列ごと仕上げる

■ 印について

刺す前に必ずガイドとなる格子と刺し方の線を布の端まで描きます。写真はBRICKSのパターンを縦に使うように線を引いています。糸を突き合わせる線のみで、糸を渡す線は描いていません。格子は縦横の布の織り目が揃っていなくても、格子が正確ならば大丈夫です。印は布の表に影響が出ないように描いてください。布に染みない、後から消せる鉛筆やペンがおすすめです。自然に消えるタイプのペンは刺している間に消えてしまう可能性があるので注意してください。またインクペンは、たくさんの格子を描いているとインクを1本使ってしまうこともあります。

■ 糸について

糸は手縫い糸の細口から太口を使います。左の写真のように、刺したい布の長さの約1.5〜2倍を目安に用意します。糸に蝋引きのワックスをつけておくと、糸がほつれにくく刺しやすくなります。

■ 刺し方図の線による刺し方の違い

赤やピンクの線
すくった角を突き合わせる　※LATTICEで解説

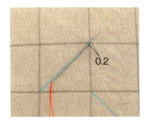

01 布の裏に格子を描き、刺し方図の赤線通りに線を引いておきます。ここでは水色で線を引いています。針に糸を通して1本取りで玉結びを作ります。格子の右上角を内から外に1針すくいます。1針は0.2cmほどです。

02 左下角を外から内に1針すくい、01の右上角を同様にすくいます。

03 針を抜いて糸を引くと斜めに糸が2本渡った状態です。

04 糸をぎゅっと引き絞って右上角と左下角を突き合わせます。

05 突き合わせた2つの角を一緒に1針すくいます。

06 針を抜いて糸を引き、引き切る手前で小さなループを作ります。ループに針を下から上に通します。

07 ループに針を通して糸をぎゅっと引きます。これで片結びができて布が固定されます。このように「角を突き合わせたあとは、突き合わせた角を一緒にすくって片結びをする」までが一連の流れです。

青の破線
糸を渡す

01 格子に沿って上から下に糸を渡します。布の裏には赤線は描いていますが、青の破線は描いていません。慣れないうちは破線を描いても大丈夫です。下の角を1針すくいます。

02 糸は引き絞らずに格子に沿わせて糸を引きます。沿わせた糸の上に糸を渡してループを作り、沿わせた糸の下に針を通します。

03 糸を引き、角に片結びを作って止めます。格子に沿って糸が渡り、角で片結びができているので布が固定されています。

■ 糸の渡し方

渡す

カットする

刺し方図の青い破線は、糸を渡す部分です。糸の渡し方には2種類あり、次に刺す格子まで糸を切らずに渡す方法と、角を突き合わせて縫い止めるごとに玉止めして糸をカットする方法です。左は糸を渡した場合、右は糸を渡さずにカットした場合です。たくさん刺すときは糸を切らずに渡したほうが便利ですが、伸縮を効かせたい場合はカットするほうが適しています。この本では2格子以上あく場合はカットしています。糸を渡さずにカットするほうがわかりやすい場合もあるので、好みで使い分けてください。

■ アイロンのかけ方

形をつけると戻らなくなるので、スチームアイロンを少しずつあてるようにします。押さえつけずに少し浮かしてそっとあてるようにしてください。使う布によってはあて布をしてアイロンをします。

■ 縫い代部分について

すべてのステッチが終わると布が縫い縮まるので、周囲の縫い代が波打ったようになります。このままでは仕立てがしにくいので、縫い代もステッチに合わせてたたんでおきます。布の端まで印をつけるのは、縫い代を整えやすくするためです。写真のBRICKSのパターンの場合は、印を合わせて箱ひだのようにタックをよせます。アイロンで押さえてしっかりとくせをつけておけば仕立てのときも簡単です。アイロンだけではくせをつけにくいときは、しつけをかけておくと安心です。

■ 洗濯について

手洗いが基本です。立体の形がつぶれないようにそっと洗います。裏の糸が見える場合は、引っかけたり糸を切ってしまわないように注意してください。

LATTICEのマーメイドスカート
たっぷりの布の裾部分だけにステッチを入れることでマーメイドラインを作り出したスカートです。リネンローンの少し重さのある素朴な質感が格子の編み込み模様にぴったりです。

パターン 》 P.50参照
How to make 》 P.114

BRAIDのフリルベスト

まっすぐ縫いの簡単ベストです。ラティススモッキングをすることでフリルも一緒に出来上がります。脇はひもで結んで仕立てを簡単にしました。

パターン 》P.56参照
How to make 》P.115

LEAFのオフショルダーブラウス

襟ぐりと袖口にステッチを入れたブラウスです。ラティススモッキングを入れるだけで、ぐっと華やかな印象になります。袖や丈の長さは好みで調節してください。

パターン》P.60参照
How to make 》P.118

BONESのワンハンドルバッグ

布をバイヤスに使い、ころんとした形に仕上げたバッグです。ワンハンドルの形にちょうどいい、縦に長いパターンを使いました。口が広くあき、中が見えやすいので中袋にも気を使いたい作品です。

パターン 》 P.62参照
How to make 》 P.120

WAVEのポケットバッグ

シンプルな縦長バッグの外づけポケットにステッチを取り入れました。バッグ本体は帆布でしっかりと、ポケットは薄手のラミーローンで軽やかに。質感の違う白×白の組み合わせに波模様が映えます。

パターン » P.64参照
How to make » P.123

CRISSCROSS BONESのフリルハンドルバッグ
ファスナー口と持ち手にステッチを入れ、合皮でかっこよく仕上げました。メタリックな合皮と部分的に入れたステッチの華やかさがちょうどいいバランスです。

パターン » P.66参照
How to make » P.126

ARROWのトライアングルバッグ
口にステッチを入れて縮ませ、三角形の形になるようにデザインしました。リネンのくたっとした風合いもギャザーをきれいに見せてくれます。
パターン » P.68参照
How to make » P.129

BRICKSのリボンポーチ

BRICKSのパターンの中心をつまめばリボンの形になります。本体と同系色のビーズを使い、きらきら感はありながらも落ち着いた雰囲気に。本体とビーズの色の組み合わせも楽しんでください。

パターン ≫ P.70参照
How to make ≫ P.132

BRICKSのサコッシュ
パターンを縦に使い、本体の形に合わせた縦長のラインですっきりとさせました。黒はステッチが見えにくいですが、それでも存在感があるのでさりげなく使えます。108ページからサコッシュの作り方を解説しています。
パターン》P.70参照
How to make 》P.108

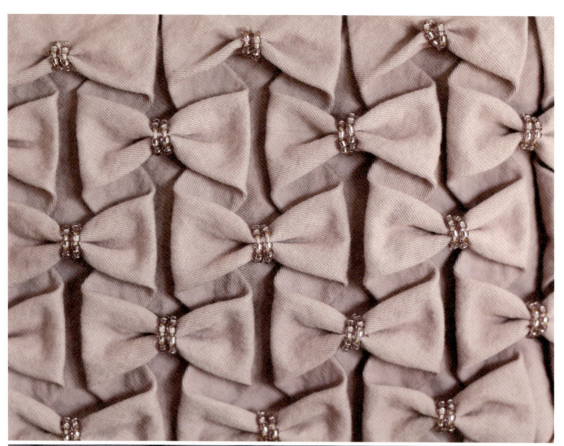

LOZENGEのクッション
BRICKSのパターンを長くしたような形ですが、幾何学模様の美しさと迫力があります。インテリアにするならモダンな印象のパターンだと飽きがきません。紬風の節のある布の風合いもパターンにぴったりです。
パターン》P.80参照
How to make 》 P.134

SHELLのサークルクッション

インパクトのある丸型クッションです。丸い形とひだがきれいによるように、柔らかいウールガーゼを使っています。ひだが片側にきれいに倒れていることも重要なポイントです。

パターン » P.58参照
How to make » P.136

FLOWERの巾着バッグ

底にステッチをして丸い形にしました。サテンは柔らかさと張りがあるのでラティススモッキングをきれいに見せてくれます。ビーズとひもの色を合わせてまとまりを出し、ごちゃごちゃせずにおしゃれに。

パターン » P.98参照
How to make » P.138

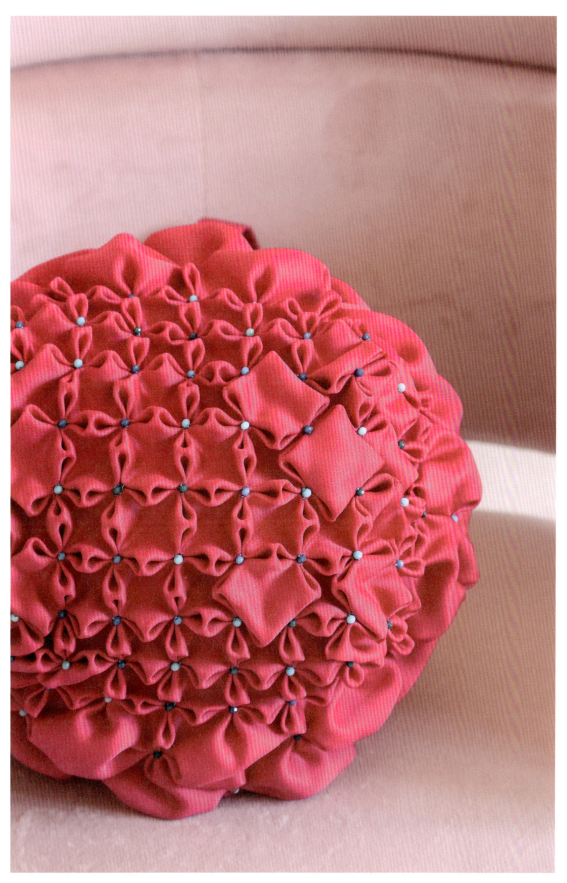

BOXESの巾着ポーチ

ラティススモッキングがきれいに見えて、かつステッチの存在感にポーチが負けないように、少し厚みのある綿のオックスフォード地を使っています。小さくてもステッチが映える見本です。

パターン » P.106参照
How to make » P.144

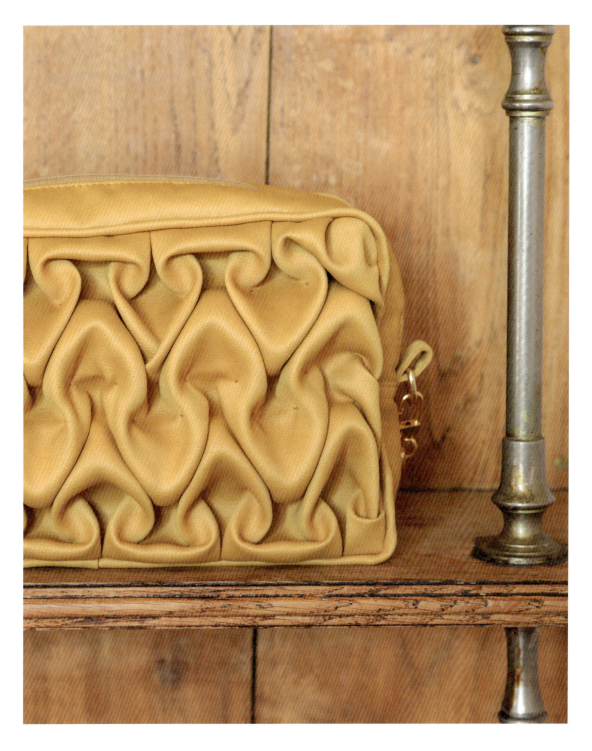

HEARTのチェーンバッグ

ハンドバッグサイズでもマチがしっかりあって頼りになります。チェーンを外せばポーチにもなります。革に見えますが、縫いやすさを考えてレザー調サテンを使っています。

パターン 》 P.78 参照
How to make 》 P.141

DIAMONDのフリルポーチ

チェックとドットの柄を使い、ビーズを通しながらステッチをします。柄を使うと縫い縮めた部分に新たな柄が生まれるおもしろさがあります。

パターン » P.104参照
How to make » P.146

HOURGLASSの半円バッグ

ストライプの幅をいかしてステッチをします。ステッチ部分のストライプがHOURGLASS(砂時計)の模様になります。出来上がったバッグは半円形ですが、もとの布は正方形よりやや横長の形。形のおもしろさを楽しめるバッグです。

パターン » P.102参照
How to make » P.149

RATTANのバンブーハンドルバッグ

RATTAN＝籐らしく、バッグの底側にステッチをして、かごっぽい雰囲気にしました。本体部分はステッチのおかげでふわっと丸みを帯びた形になるのもかわいいポイントです。

パターン 》 P.84参照
How to make 》 P.152

DRAGON SCALESの巾着バッグ

斜めストライプの布に大きめにステッチをした巾着です。ステッチをしてもストライプがきれいにつながっています。パターン名は龍のうろこですが、布の色を変えれば松ぼっくりやクリスマスツリーのようにも見えそうです。

パターン 》 P.88参照
How to make 》 P.155

PUZZLEのファブリックパネル

ラティススモッキングした布をシンプルな飾りにしました。オックスフォード地の上にオーガンジーを重ねて一緒にステッチをしています。透け感と二重になっている立体感で美しく幻想的に見えます。

パターン » P.92参照
How to make » P.158

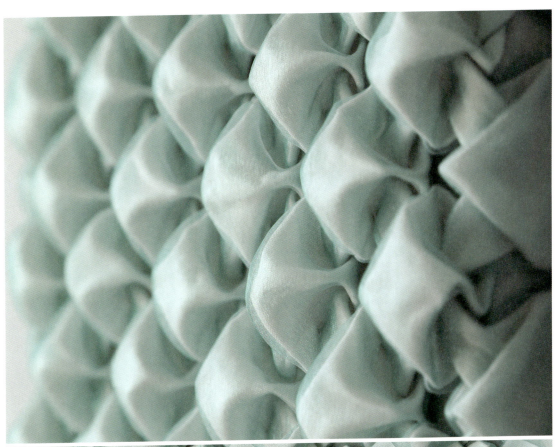
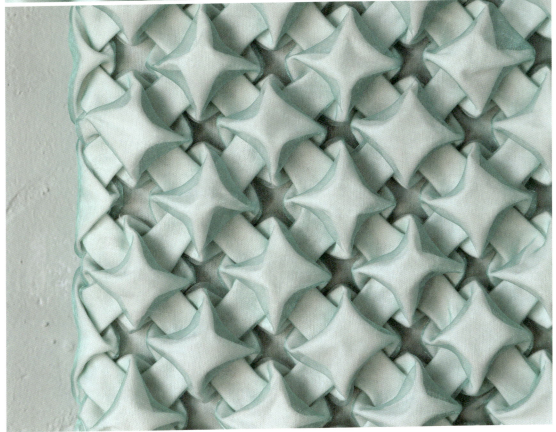

Tools／道具

ラティススモッキングに必要な道具を紹介します。
ソーイングに必要な基本的な道具と同じです。

A. 定規 縦横に格子の線が入っていると便利です。　**B. 縫い針とまち針、ピンクッション** 針は長めの方が長い距離をすくいやすいですが、使いやすい好みの針で大丈夫です。　**C. 仮止めクリップ** 仕立ての際に使います。仮止めクリップかまち針を使うかは好みで選んでください。　**D. 印つけ** 好みのもので大丈夫ですが、布の表に影響が出ないものを使います。布に染みない、あとから消せる鉛筆やペンがおすすめです。　**E. 糸** 家庭用の細口やボタンつけ糸などの手縫い糸を使います。仕立ての際はミシンが便利です。　**F. 蝋引きワックス** 糸につけて丈夫にします。必ずつけないといけないわけではないので、好みで使ってください。　**G. 目打ち、トレーサー、へら** ラティススモッキングの形を整えたりする際に使います。布の見える部分に使うことが多いので、目打ちだと布を傷めたり穴があいてしまうことが心配な場合は、先の丸いトレーサーやへらを使います。
H. はさみ 裁ちばさみは布をカットする際に、糸切りばさみはステッチの際に使います。　**I. アイロンとアイロン台** スチームのあるアイロンを使います。
※このほかにも使いやすい好みの道具を使ってください。

Materials／材料

ラティススモッキングは布が大事です。
布によって見え方が変わってくるので46ページを参考にしていろいろ試してみてください。

A. ラティススモッキングにする布 無地か、柄ならチェック、ドット、ストライプがおすすめです。チェック、ドット、ストライプは格子のサイズに柄の幅を合わせて刺すとおもしろい模様になります。花柄などの模様は柄全体がわからなくなるので注意してください。柄によっては偶然におもしろい見え方をするものもあります。　**B. 中袋用布** 表に響かない布なら何でも大丈夫です。表の布に合わせて選んでください。　**C. 接着芯** バッグなどでふっくらとした形を保ちたい場合は、裏にニットタイプや薄手の不織布タイプの芯を貼ります。　**D. 持ち手** バッグに仕立てる際に使います。作品に合わせた好みのものを使ってください。巾着などは好みのひもを通します。　**E. マグネットボタン、Dカン** 作品に合わせて使います。　**F. ビーズ** ステッチの間で一緒に刺したり、最後の飾りとしてつけます。大きさはステッチのサイズに合わせて考えてください。
※作りたい作品に合わせて材料を用意します。

針の長さと糸の太さの見本です。布に合わせて糸の太さを変えてください。針の長さは、あまりにも短いものは不向きですが縫いやすい長さの針を使ってください。

Cloth／布について

ラティススモッキングはどんな布を使ってもできますが、布の向き不向きがあります。
せっかく作るなら、相性を知ったうえで布とパターンを選ぶのがおすすめです。

■ 布の伸縮度

パターンによって布に伸縮性があるほうがきれいに仕上がるものがあります。
斜めに柄が出るパターンは、布の柔らかさや伸縮性が必要で、縦横に柄が出るパターンは、
伸縮性の少ない硬い布でも大丈夫です。下のマッピングを布選びの参考にしてください。

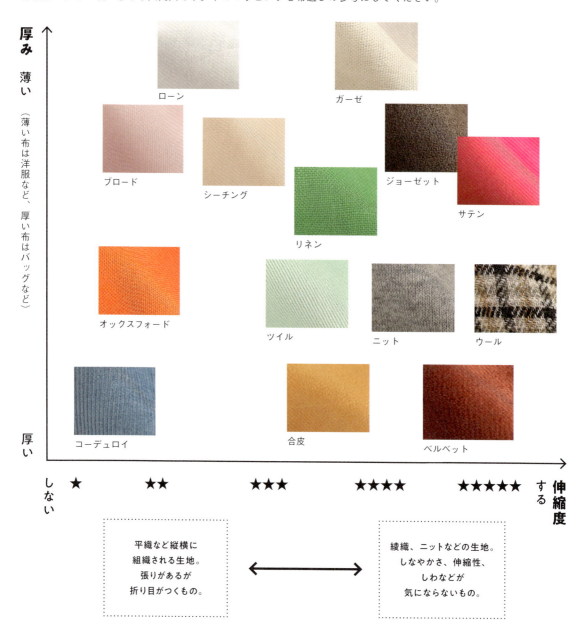

※水通しについて
ステッチをしたあとに印などの線を水で消す場合、布をかなりぬらすことで縮んでしまう可能性があります。
水通しが可能な布は最初に必ず水通しをして、あとから形が変わらないように布を縮めておきます。

■ 布の違いによる出来上がりの違い

同じパターンでも使う布によって出来上がりに違いがでます。
LATTICEのパターンで3種類の布の違いを見てみます。

1．サテン

布の伸縮性と張りのあるサテン地はパターンの形がきれいに表現できます。光沢がありエレガントなイメージになるので、作品に合う合わないや好みの問題がありますが、ふっくらと形が浮かび上がり美しく仕上がります。

2．シーチング

ローンやブロードよりも織り目が粗く、オックスフォードよりも薄いのがシーチング地です。安く、色や柄も豊富なのでよく使われる布のひとつです。コーデュロイほどではありませんが、布に伸縮性が少ないのでしわになって形がきれいにでない部分が少しあります。

3．コーデュロイ

縦方向にうねのあるコーデュロイ地は少し難しい素材です。厚みとうねの方向性などコーデュロイのよさが、逆に形を作る上で問題になってきます。パターンにしわがよりやすく形がきれいにでない部分があります。

このように同じパターンでも布によって出来上がりが変わります。パターンと布の相性、どのように使いたいか、どのような雰囲気に仕上げたいかなどによって布選びを考えてください。また、ステッチをすると半分くらいのサイズに縮みます。重さのある素材を使う場合は、おおよそ出来上がりサイズの倍の布が必要になることによる作品の重量を考慮して、デザインや素材選びをしてください。

3 arrangements / 3つのアレンジ

50ページから20種類のステッチを解説しています。そのステッチをもとに、さらにアレンジをする方法を3つ解説します。FLOWER、WAVE、LEAFのパターンで解説していますが、この3つ以外にも応用ができます。

■ 反転させる
糸の出し入れを逆転させると裏が表に反転します。

布を突き合わせる場合

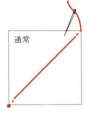 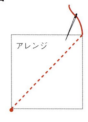

そのまま表に糸を渡す。

四隅をすくう場合

 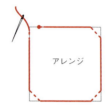

刺し始めの近くで1針すくい、糸を裏で沿わせて四隅をすくう。

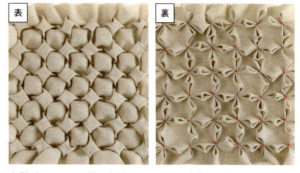

裏側がFLOWERの形、表側がBOXESの四角部分が小さくなったパターンになります。

どちらも次のマス目まで糸を沿わせず、毎回玉止めをしてカットします。

■ マス目のサイズを変える
糸を渡さない空白部分のマス目のサイズを変えると模様の形が変わります。

P.64 WAVE
例：ステッチとステッチの間隔を2マスにする

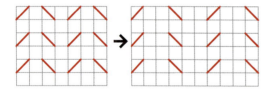

 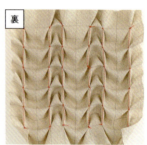

WAVEの曲線の幅が大きいパターンができます。

■ バイヤスに刺す
パターンを斜めに描くと模様が斜め（バイヤス）に出ます。

P.60 LEAF
例：格子を斜めに描く

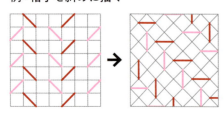

斜めにパターンが入ります。斜めには伸びますが縦横には伸び縮みしにくく、通常より少しかたい仕上がりになります。

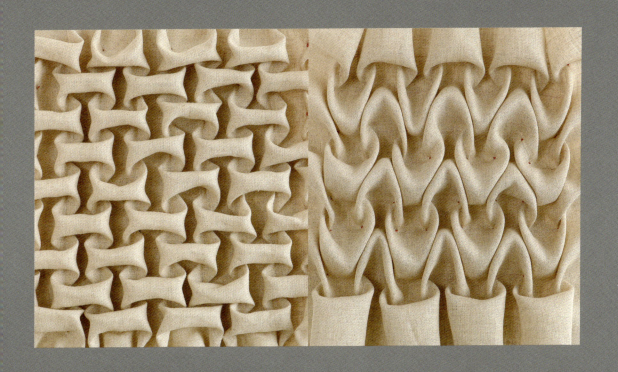

斜線、直線に布を突き合わせる

格子の斜線や直線の両端をすくって
布を突き合わせるステッチです。

LATTICE／格子

表

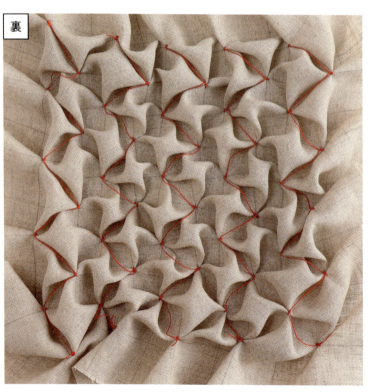

裏

■ 元の布のサイズ

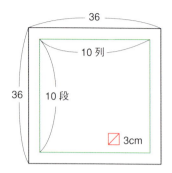

■ 布の伸縮度
★★★☆☆

■ プレスの必要性
なし

■ POINT
・2列ごとに仕上げる

※赤とピンクの線は糸を引いて縮め、すくった部分を突き合わせる。水色の破線は糸を渡す。アルファベットは刺す順番。矢印は進む方向。

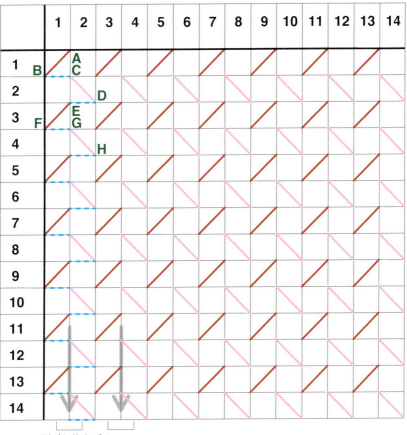

2列ごと仕上げる

■ 刺し方

1. Aの角に針を入れて1針すくい、次にBの角に針を入れて1針すくって再びAの角をすくい、糸を引き絞って角を突き合わせます。
2. 突き合わせたABの角を一緒に1針すくって片結びをします。
3. Cの角を1針すくって糸を渡し、片結びをします。
4. Dの角を1針すくい、再びCの角をすくって糸を引き絞って角を突き合わせます。
5. 突き合わせたCDの角を一緒に1針すくって片結びをします。
6. Eの角を1針すくって糸を渡し、片結びをします。Eの角がAと同じことになるので、あとはくり返しです。
7. 列の最後まで刺したら玉止めをして糸をカットし、隣の列を上から刺し始めます。

LATTICE の刺し方

▶ **AとBを突き合わせる**

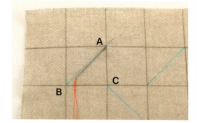

01 布の裏に格子を描き、51ページを参照してすくった角を突き合わせる斜線も引きます。

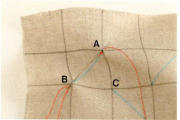

02 針に糸を通して1本取りで玉結びを作ります。格子のAの角を内から外に1針すくいます。1針は0.2cmほどです。

03 Bの角を外から内に1針すくい、02のAの角を同様にすくいます。

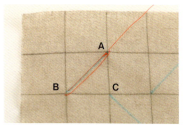

04 針を抜いて糸を引くと斜めに糸が2本渡った状態です。

05 糸をぎゅっと引き絞ってAとBを突き合わせます。

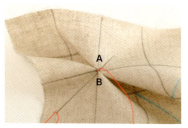

06 突き合わせたAとBの角を一緒に1針すくいます。

▶ **ABからCに糸を渡す**

07 針を抜いて糸を引き、引き切る手前で小さなループを作ります。ループに針を下から上に通します。

08 針を通して糸をぎゅっと引きます。これで片結びができて布が固定されます。

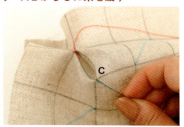

09 次に隣の列に進み、Cの角を1針すくいます。

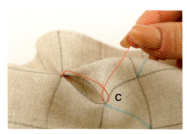

10 AからCの格子の線に糸を沿わせて引きます。

11 糸は引き切らずに沿わせた糸の上を渡してループを作り、沿わせた糸の下に針を通します。

12 糸を引くと片結びができます。これで格子に沿って糸が渡り、角で片結びができているので布が固定されています。

▶ **CとDを突き合わせる**

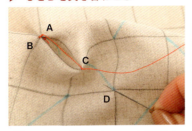
13 Cの角の対角になるDの角を1針すくいます。**02**から**08**のように角を突き合わせます。

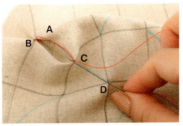
14 再びCの角を1針すくいます。

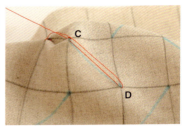
15 針を抜いて糸を引くと斜めに糸が2本渡った状態です。

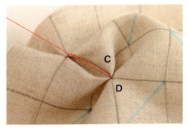
16 糸をぎゅっと引き絞ってCの角とDの角を突き合わせます。

17 突き合わせたCとDの角を一緒に1針すくいます。

18 針を抜いて糸を引き、引き切る手前で小さなループを作ってループに針を通します。

19 糸をぎゅっと引きます。これで片結びができて布が固定されます。ABとCDができ、AからCの長さで糸が渡っている状態です。

▶ **CDからEに糸を渡す**

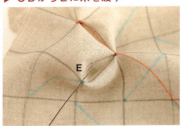
20 1列めのEの角を1針すくいます。**09**から**12**のように糸を渡します。

21 DからEの格子の線に糸を沿わせて引き、糸は引き切らずに沿わせた糸の上を渡してループを作って針を通します。

▶ **EとFを突き合わせる**

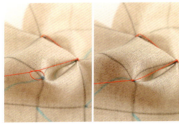
22 糸を引き、角に片結びを作って止めます。

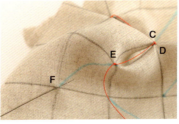
23 Eの対角のFを1針すくいます。これも**02**から**08**のように角を突き合わせます。

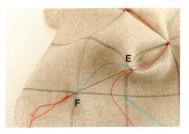
24 再びEの角を1針すくいます。

53

LATTICEの刺し方

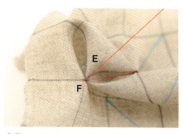

25 糸をぎゅっと引き絞ってEの角とFの角を突き合わせます。

26 突き合わせたEとFの角を一緒に1針すくいます。

27 針を抜いて糸を引き、引き切る手前で小さなループを作ってループに針を通します。

▶ **EFからGに糸を渡す**

28 糸をぎゅっと引きます。これで片結びができて布が固定されます。

29 2列めのGの角を1針すくいます。09から12のように糸を渡します。

30 EからGの格子の線に糸を沿わせて引き、糸は引き切らずに沿わせた糸の上を渡してループを作って針を通します。糸を引き、角に片結びを作って止めます。

▶ **GとHを突き合わせる**

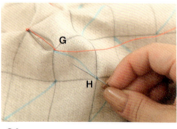

31 Gの対角のHを1針すくいます。これも02から08のように角を突き合わせます。

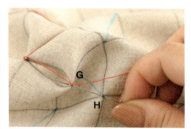

32 再びGの角を1針すくいます。

33 糸をぎゅっと引き絞ってGの角とHの角を突き合わせます。

34 突き合わせたGとHの角を一緒に1針すくいます。

35 針を抜いて糸を引き、引き切る手前で小さなループを作ってループに針を通します。

36 糸をぎゅっと引きます。片結びができて布が固定されます。

▶ 2列ができた

37 これをくり返して2列1セットで最後まで刺します。ジグザグに糸が渡った状態になります。

38 最後は玉止めをして糸をカットします。

39 表から見るとこのような状態になっています。

▶ 次の列を刺す

40 次の2列1セットを刺します。3列めのAにあたる右上角を1針すくって刺し始めます。

▶ 4列ができた

裏

表

41 4列刺したら、模様がわかるようになります。これをくり返して全面を刺し、仕上げます。模様がわかりにくいところは目打ちなどで引き出して整えます。

BRAID／三つ編み

表

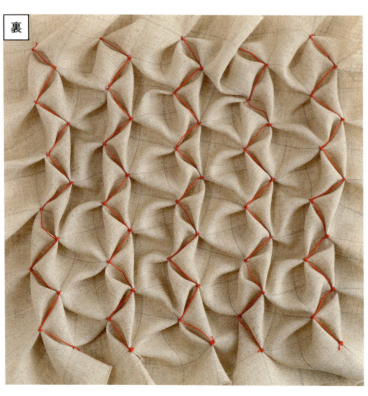

裏

■ 元の布のサイズ

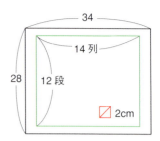

■ 布の伸縮度
★★★☆☆

■ プレスの必要性
なし

■ POINT
・2列ごとに仕上げる

※赤とピンクの線は糸を引いて縮め、すくった部分を突き合わせる。水色の破線は糸を渡す。
アルファベットは刺す順番。矢印は進む方向。

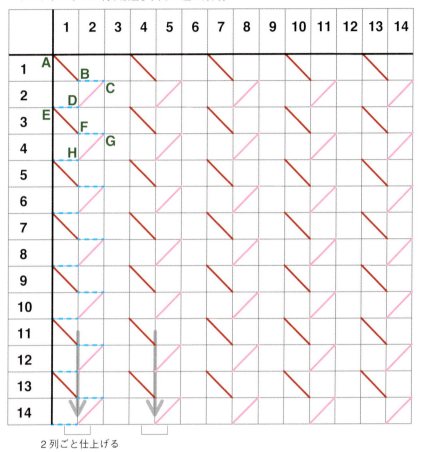

2列ごと仕上げる

■ 刺し方

1. Aの角に針を入れて1針すくい、次にBの角に針を入れて1針すくって再びAの角をすくい、糸を引き絞って角を突き合わせます。
2. 突き合わせたABの角を一緒に1針すくって片結びをします。
3. Cの角を1針すくって糸を渡し、片結びをします。
4. Dの角を1針すくい、再びCの角をすくって糸を引き絞って角を突き合わせます。
5. 突き合わせたCDの角を一緒に1針すくって片結びをします。
6. Eの角を1針すくって糸を渡し、片結びをします。Eの角がAと同じことになるので、あとはくり返しです。
7. 列の最後まで刺したら玉止めをして糸をカットし、隣の列を上から刺し始めます。

SHELL／貝

表

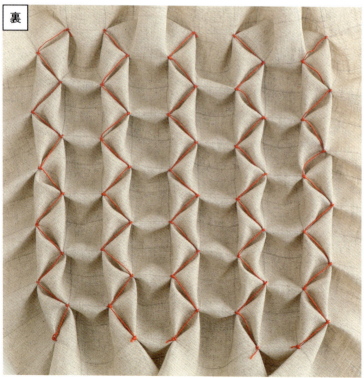

裏

■ 元の布のサイズ

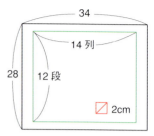

■ 布の伸縮度
★★★☆☆

■ プレスの必要性
なし

■ POINT
・2列ごとに仕上げる
・BRAIDと同じ刺し方の列と、反転させた列で構成。

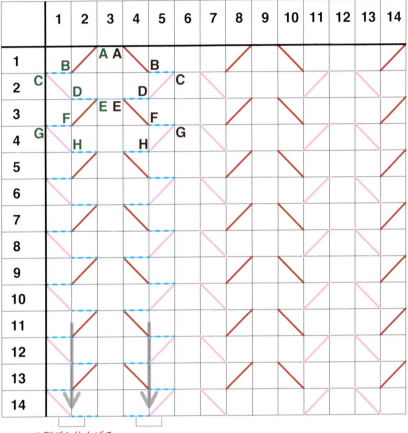

2列ごと仕上げる

■ 刺し方

1. Aの角に針を入れて1針すくい、次にBの角に針を入れて1針すくって再びAの角をすくい、糸を引き絞って角を突き合わせます。
2. 突き合わせたABの角を一緒に1針すくって片結びをします。
3. Cの角を1針すくって糸を渡し、片結びをします。
4. Dの角を1針すくい、再びCの角をすくって糸を引き絞って角を突き合わせます。
5. 突き合わせたCDの角を一緒に1針すくって片結びをします。
6. Eの角を1針すくって糸を渡し、片結びをします。Eの角がAと同じことになるので、あとはくり返しです。
7. 列の最後まで刺したら玉止めをして糸をカットし、隣の列を上から刺し始めます。
8. 次の2列1セットは反転させて刺します。

LEAF／葉

■ 元の布のサイズ

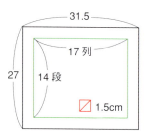

■ 布の伸縮度
★★★☆☆

■ プレスの必要性
なし

■ POINT
・2列ごとに仕上げる

※赤とピンクの線は糸を引いて縮め、すくった部分を突き合わせる。水色の破線は糸を渡す。
アルファベットは刺す順番。矢印は進む方向。

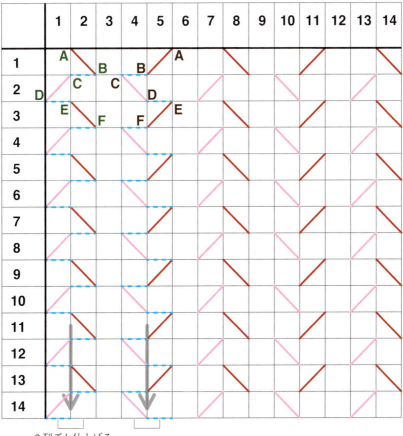

2列ごと仕上げる

■ 刺し方

1. Aの角に針を入れて1針すくい、次にBの角に針を入れて1針すくって再びAの角をすくい、糸を引き絞って角を突き合わせます。
2. 突き合わせたABの角を一緒に1針すくって片結びをします。
3. Cの角を1針すくって糸を渡し、片結びをします。
4. Dの角を1針すくい、再びCの角をすくって糸を引き絞って角を突き合わせます。
5. 突き合わせたCDの角を一緒に1針すくって片結びをします。
6. Eの角を1針すくって糸を渡し、片結びをします。Eの角がAと同じことになるので、あとはくり返しです。
7. 列の最後まで刺したら玉止めをして糸をカットし、隣の列を上から刺し始めます。
8. 次の2列1セットは反転させて刺します。

BONES／骨

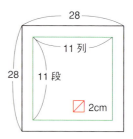

■ 元の布のサイズ

■ 布の伸縮度
★★★★☆

■ プレスの必要性
なし

■ POINT
・1列ずつ仕上げる
・斜めに強く伸縮性が出る
・裏面もおもしろい

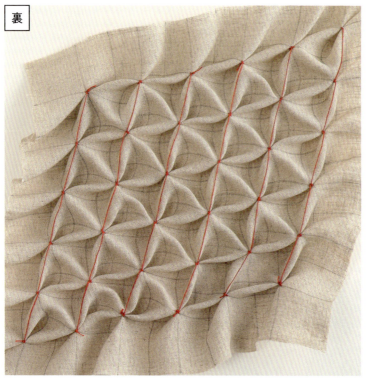

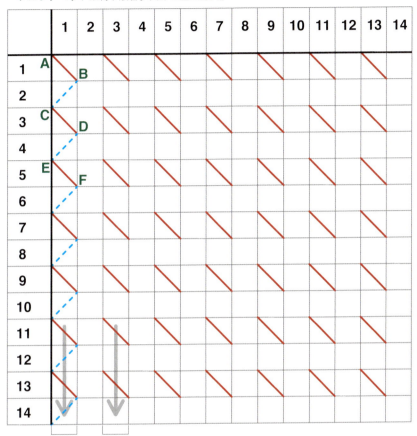

■ 刺し方

1. Aの角に針を入れて1針すくい、次にBの角に針を入れて1針すくって再びAの角をすくい、糸を引き絞って角を突き合わせます。
2. 突き合わせたABの角を一緒に1針すくって片結びをします。
3. Cの角を1針すくって糸を渡し、片結びをします。Cの角がAと同じことになるので、あとはくり返しです。
4. 列の最後まで刺したら玉止めをして糸をカットし、隣の列を上から刺し始めます。

WAVE／波

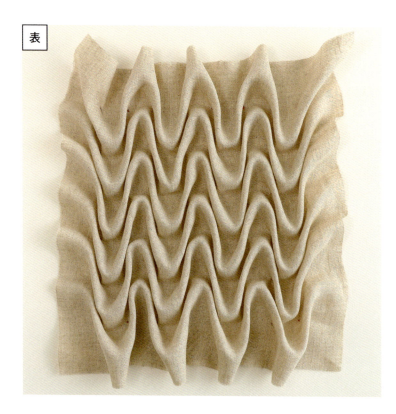

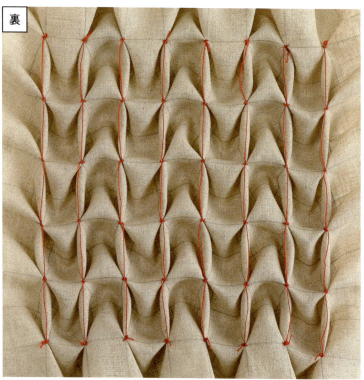

■ 元の布のサイズ

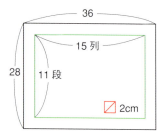

■ 布の伸縮度
★★★☆☆

■ プレスの必要性
なし

■ POINT
・1列ずつ仕上げる
・BONESと同じ刺し方の列と反転させた刺し方の列で構成。

※赤の線は糸を引いて縮め、すくった部分を突き合わせる。水色の破線は糸を渡す。
アルファベットは刺す順番。矢印は進む方向。

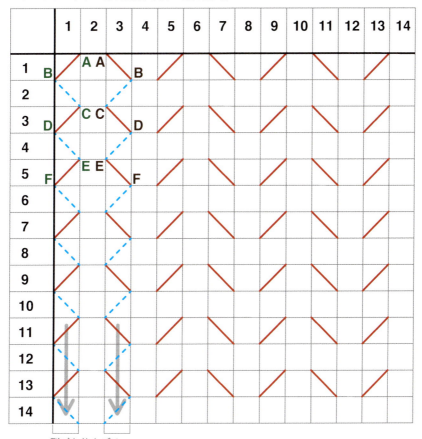

1列ごと仕上げる

■ 刺し方

1. Aの角に針を入れて1針すくい、次にBの角に針を入れて1針すくって再びAの角をすくい、糸を引き絞って角を突き合わせます。
2. 突き合わせたABの角を一緒に1針すくって片結びをします。
3. Cの角を1針すくって糸を渡し、片結びをします。Cの角がAと同じことになるので、あとはくり返しです。
4. 列の最後まで刺したら玉止めをして糸をカットし、隣の列を上から刺し始めます。
5. 次の1列は反転させて刺します。

CRISSCROSS BONES／クロスボーン

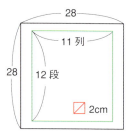

表

■ 元の布のサイズ

28 / 28 / 11列 / 12段 / 2cm

■ 布の伸縮度

★★★☆☆

■ プレスの必要性

なし

■ POINT

・1列ずつ仕上げる
・WAVEの3列めを一段下げたパターン。

裏

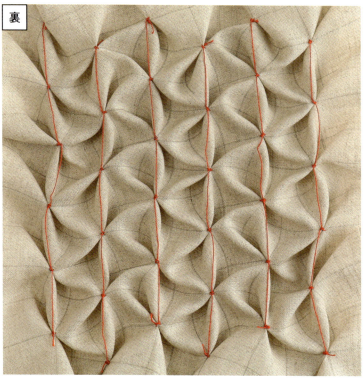

※赤の線は糸を引いて縮め、すくった部分を突き合わせる。水色の破線は糸を渡す。
アルファベットは刺す順番。矢印は進む方向。

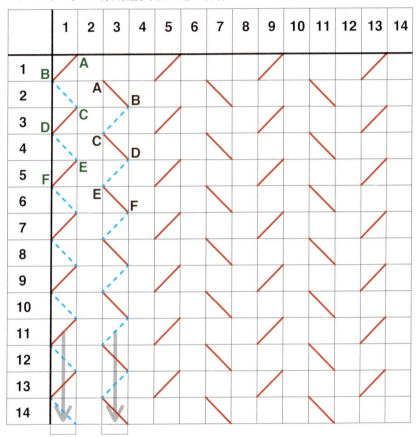

1列ごと仕上げる

■ 刺し方

1. Aの角に針を入れて1針すくい、次にBの角に針を入れて1針すくって再びAの角をすくい、糸を引き絞って角を突き合わせます。
2. 突き合わせたABの角を一緒に1針すくって片結びをします。
3. Cの角を1針すくって糸を渡し、片結びをします。Cの角がAと同じことになるので、あとはくり返しです。
4. 列の最後まで刺したら玉止めをして糸をカットし、隣の列を上から刺し始めます。
5. 次の1列は反転させて1段下から刺します。

ARROW／矢

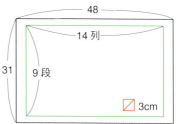

■ 元の布のサイズ

■ 布の伸縮度
★★★☆☆

■ プレスの必要性
なし

■ POINT
・2列ごとに仕上げる
・裏面もおもしろい

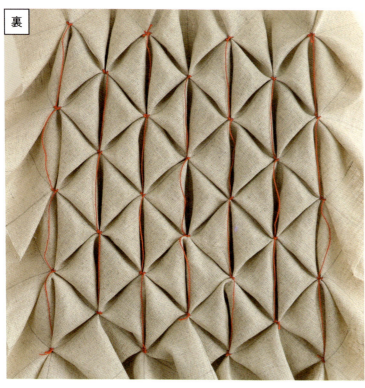

※赤とピンクの線は糸を引いて縮め、すくった部分を突き合わせる。水色の破線は糸を渡す。
アルファベットは刺す順番。矢印は進む方向。

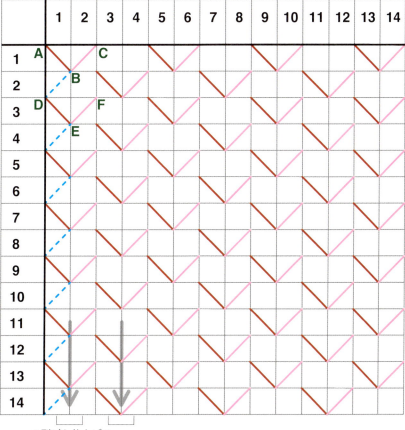

2列ごと仕上げる

■ 刺し方

1. Aの角に針を入れて1針すくい、次にBの角に針を入れて1針すくって再びAの角をすくい、糸を引き絞って角を突き合わせます。
2. 突き合わせたABの角を一緒に1針すくって片結びをします。
3. Cの角に針を入れて1針すくい、糸を引き絞って角を突き合わせます。
4. 突き合わせたBCの角を一緒に1針すくって片結びをします。
5. Dの角を1針すくって糸を渡し、片結びをします。Dの角がAと同じことになるので、あとはくり返しです。
6. 列の最後まで刺したら玉止めをして糸をカットし、隣の列を上から刺し始めます。

BRICKS／レンガ

表

裏

■ プレス仕上げ

■ 元の布のサイズ

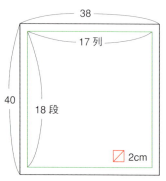

■ 布の伸縮度
★☆☆☆☆
(仕上がりによる)

■ プレスの必要性
あり／なし
(仕上がりによる)

■ POINT
・1列ずつ仕上げる
・プレスすることでレンガのパターンが浮き出る
・浮き出たパターンの中心を縫いつまむとリボンになる

※赤とピンクの線は糸を引いて縮め、すくった部分を突き合わせる。水色の破線は糸を渡す。
アルファベットは刺す順番。矢印は進む方向。

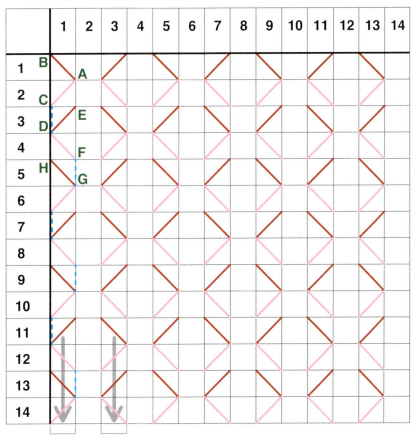

1列ごと仕上げる

■ 刺し方

1. Aの角に針を入れて1針すくい、次にBの角に針を入れて1針すくって糸を引き絞って角を突き合わせます。
2. 突き合わせたABの角を一緒に1針すくって片結びをします。
3. Cの角に針を入れて1針すくい、次にAの角に針を入れて1針すくって糸を引き絞って角を突き合わせます。
4. 突き合わせたACの角を一緒に1針すくって片結びをします。
5. Dの角を1針すくって糸を渡し、片結びをします。
6. Eの角を1針すくい、糸を引き絞って角を突き合わせます。
7. 突き合わせたDEの角を一緒に1針すくって片結びをします。
8. Fの角に針を入れて1針すくい、次にDの角に針を入れて1針すくって糸を引き絞って角を突き合わせます。
9. 突き合わせたDFの角を一緒に1針すくって片結びをします。
10. Gの角を1針すくって糸を渡し、片結びをします。Gの角がAと同じことになるので、あとはくり返しです。
11. 列の最後まで刺したら玉止めをして糸をカットし、隣の列を上から刺し始めます。

BRICKSの刺し方

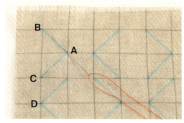

▶ AとBを突き合わせる

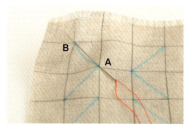

01 布の裏に格子を描き、71ページを参照してすくった角を突き合わせる斜線も引きます。

02 針に糸を通して1本取りで玉結びを作ります。格子のAの角を外から内に1針すくいます。1針は0.2cmほどです。

03 Bの角を内から外に1針すくいます。

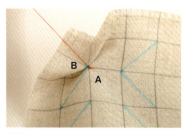

04 糸をぎゅっと引き絞ってAとBを突き合わせます。

05 突き合わせたAとBの角を一緒に1針すくいます。

06 針を抜いて糸を引き、引き切る手前で小さなループを作ります。ループに針を右から左に通します。

▶ ABとCを突き合わせる

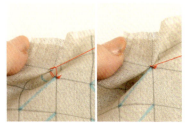

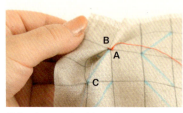

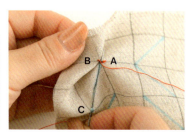

07 糸をぎゅっと引きます。これで片結びができて布が固定されます。

08 次にCの角を外から内に1針すくいます。

09 先に突き合わせたABのAの角を1針すくいます。

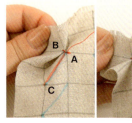

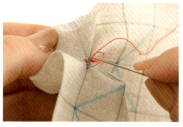

10 針を抜いて糸を引くと斜めに糸が2本渡った状態です。糸をぎゅっと引き絞ってABとCを突き合わせます。

11 突き合わせたAとCの角を一緒に1針すくいます。

12 針を抜いて糸を引き、引き切る手前で小さなループを作ります。ループに針を右から左に通します。

▶ ＡＢＣからＤに糸を渡す

13 糸をぎゅっと引きます。これで片結びができて布が固定されます。

14 次にDの角を1針すくいます。

15 ABCからDの格子の線に糸を沿わせて引き、糸は引き切らずに沿わせた糸の上を渡してループを作り、沿わせた糸の下に針を通します。

▶ ＤとＥを突き合わせる

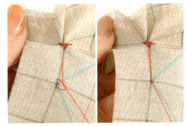
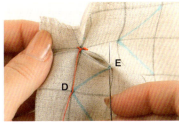
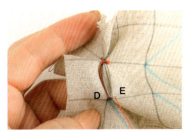

16 糸を引くと片結びができます。これで格子に沿って糸が渡り、角で片結びができているので布が固定されています。

17 Dの角の対角のEの角を1針すくいます。

18 糸をぎゅっと引き絞ってDとEを突き合わせます。

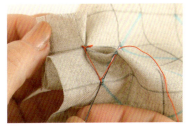

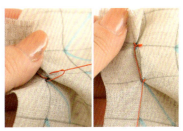

19 突き合わせたDとEの角を一緒に1針すくいます。

20 針を抜いて糸を引き、引き切る手前で小さなループを作ります。ループに針を下から上に通します。

21 糸をぎゅっと引きます。これで片結びができて布が固定されます。

▶ ＤＥとＦを突き合わせる

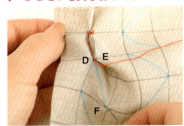
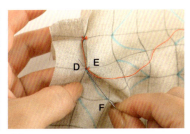
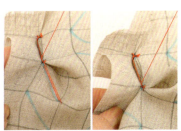

22 次にFの角を1針すくいます。

23 再びDEのDの角を1針すくいます。

24 糸をぎゅっと引き絞ってDEの角とFの角を突き合わせます。

BRICKの刺し方

25 突き合わせたDとFの角を一緒に1針すくいます。

26 針を抜いて糸を引き、引き切る手前で小さなループを作ってループに針を通します。

27 糸をぎゅっと引き、片結びを作って布を固定します。

▶ DEFからGに糸を渡す

28 次にGの角を1針すくいます。

29 DEFからGの格子の線に糸を沿わせて引き、糸は引き切らずに沿わせた糸の上を渡してループを作り、沿わせた糸の下に針を通します。

30 針を通して糸をぎゅっと引き、片結びを作って布を固定します。

▶ 1列できた

31 Hの角を1針すくいます。GがAと同じなので、同様にくり返して刺します。

32 1列が刺せるとこのようになります。裏で沿わせた糸がまっすぐ続いて見えます。

▶ 2列できた

33 2列刺したら形が浮かび上がってきます。これをくり返して最後まで刺します。

34
刺し終わったら好みでアイロンをかけます。アイロンのスチームでそっと押さえながら、模様を平らにつぶします。

24ページのポーチのように中心をつまむとリボンになります。

BUBBLES／泡

表

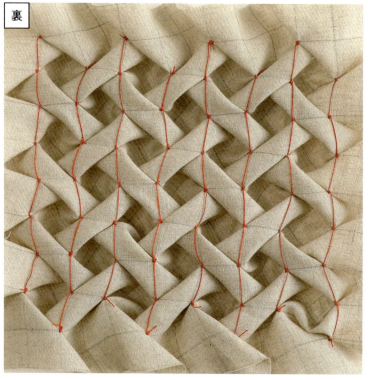

裏

■ 元の布のサイズ

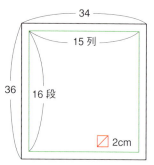

34 / 36 / 15列 / 16段 / 2cm

■ 布の伸縮度
★★☆☆☆
（仕上がりによる）

■ プレスの必要性
なし

■ POINT
・1列ずつ仕上げる
・裏面もおもしろい

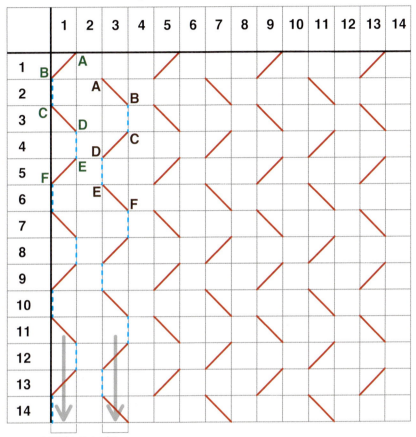

1列ごと仕上げる

■ 刺し方

1. Aの角に針を入れて1針すくい、次にBの角に針を入れて1針すくって再びAの角をすくい、糸を引き絞って角を突き合わせます。
2. 突き合わせたABの角を一緒に1針すくって片結びをします。
3. Cの角を1針すくって糸を渡し、片結びをします。
4. Dの角を1針すくい、再びCの角をすくって糸を引き絞って角を突き合わせます。
5. 突き合わせたCDの角を一緒に1針すくって片結びをします。
6. Eの角を1針すくって糸を渡し、片結びをします。Eの角がAと同じことになるので、あとはくり返しです。
7. 列の最後まで刺したら玉止めをして糸をカットし、隣の列を上から刺し始めます。
8. 次の1列は反転させて1段下から刺します。

HEART／ハート

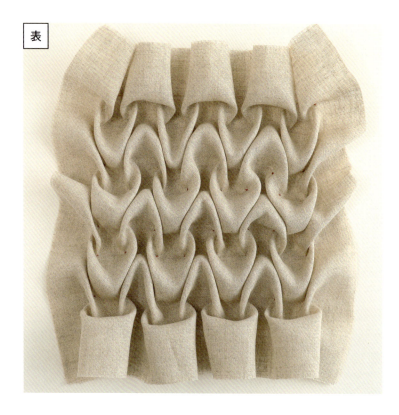

■ 元の布のサイズ

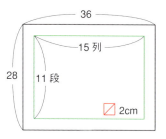

■ 布の伸縮度

★★★★☆

■ プレスの必要性

なし

■ POINT

・横に進む
・1段ずつ仕上げる
・BUBBLESの1列めをくり返す

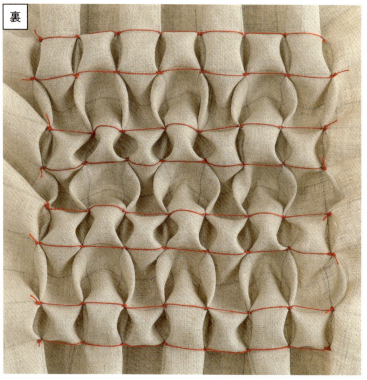

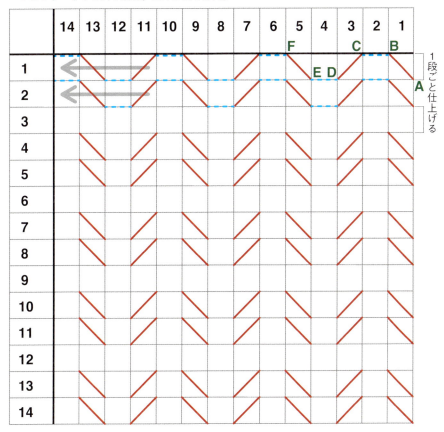

■ 刺し方

1. Aの角に針を入れて1針すくい、次にBの角に針を入れて1針すくって糸を引き絞って角を突き合わせます。
2. 突き合わせたABの角を一緒に1針すくって片結びをします。
3. Cの角を1針すくって糸を渡し、片結びをします。
4. Dの角を1針すくい、再びCの角をすくって糸を引き絞って角を突き合わせます。
5. 突き合わせたCDの角を一緒に1針すくって片結びをします。
6. Eの角を1針すくって糸を渡し、片結びをします。Eの角がAと同じことになるので、あとはくり返しです。
7. 列の最後まで刺したら玉止めをして糸をカットし、下の段を右から刺し始めます。

LOZENGE／ロゼンジ

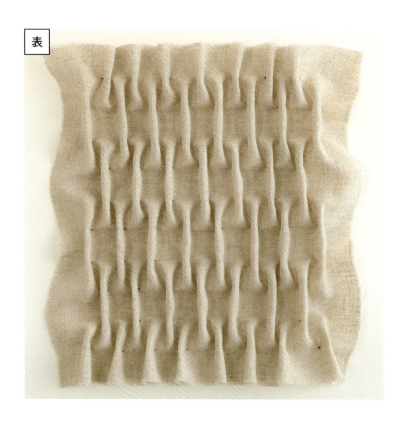

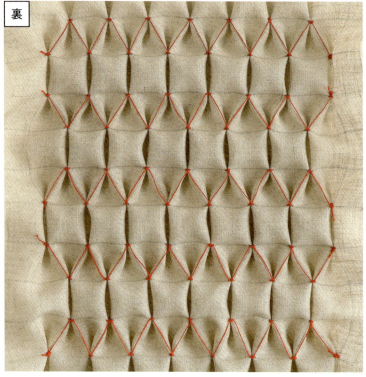

■ 元の布のサイズ

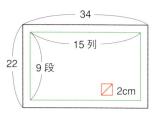

■ 布の伸縮度

★☆☆☆☆

■ プレスの必要性

あり／なし
（仕上がりによる）

■ POINT

・横に進む
・1段ずつ仕上げる
・LOZENGEというひし形の薬用キャンディーの形から名前がついている

※赤の線は糸を引いて縮め、すくった部分を突き合わせる。水色の破線は糸を渡す。
アルファベットは刺す順番。矢印は進む方向。

	14	13	12	11	10	9	8	7	6	5	4	3	2	1
											H G		D C	
1	←													
2	←										F E		B A	
3														
4														
5														
6														
7														
8														
9														
10														
11														
12														
13														
14														

1段ごと仕上げる

■ 刺し方

1. Aの角に針を入れて1針すくい、次にBの角に針を入れて1針すくって糸を引き絞って角を突き合わせます。
2. 突き合わせたABの角を一緒に1針すくって片結びをします。
3. Cの角を1針すくって糸を渡し、片結びをします。
4. Dの角を1針すくい、糸を引き絞って角を突き合わせます。
5. 突き合わせたCDの角を一緒に1針すくって片結びをします。
6. Eの角を1針すくって糸を渡し、片結びをします。Eの角がAと同じことになるので、あとはくり返しです。
7. 列の最後まで刺したら玉止めをして糸をカットし、下の段を右から刺し始めます。
8. 次の1段は反転させて刺します。

DOUBLE LATTICE／ダブルラティス

表

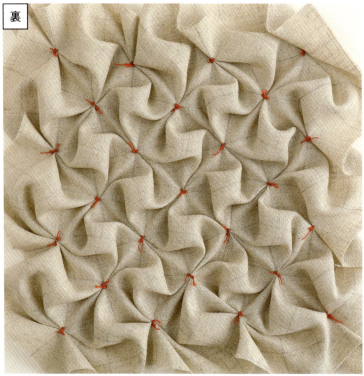

裏

■ 元の布のサイズ

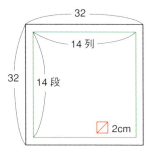

■ 布の伸縮度
★★★★☆

■ プレスの必要性
なし

■ POINT
・1ブロックずつ仕上げる
・裏面もおもしろい
・間隔があくので、糸を渡して続けずに毎回玉止めをして糸をカットする
・柄が大きく出るので格子のサイズを小さく考える

※赤とピンクの線は糸を引いて縮め、すくった部分を突き合わせる。
アルファベットは刺す順番。矢印は進む方向。

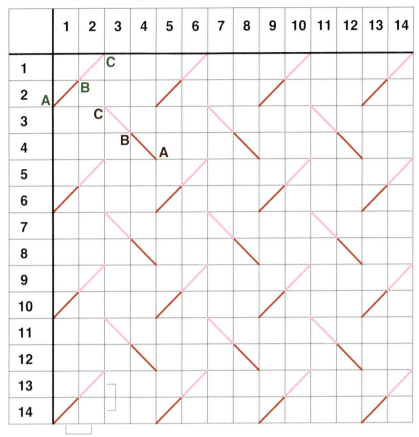

1ブロックごと仕上げる

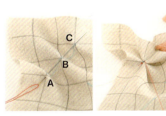

01 Aの角に針を入れて1針すくい、次にBの角、続けてCの角に針を入れて1針ずつすくって糸を引き絞って角を突き合わせます。

02 突き合わせたABCの角を一緒に1針すくいます。

03 糸を引き切る手前で、ループに針を通して片結びをします。

04 玉止めをして糸をカットします。

05 これでパターンがひとつできました。これをくり返します。

RATTAN／籐

表

裏

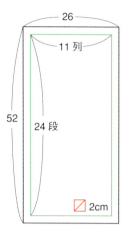

■ 元の布のサイズ

26
11列
52
24段
2cm

■ 布の伸縮度
★★☆☆☆

■ プレスの必要性
あり

■ POINT
・1列ずつ仕上げる
・3マス一度にすくう

※赤の線は糸を引いて縮め、すくった部分を突き合わせる。水色の破線は糸を渡す。
アルファベットは刺す順番。矢印は進む方向。

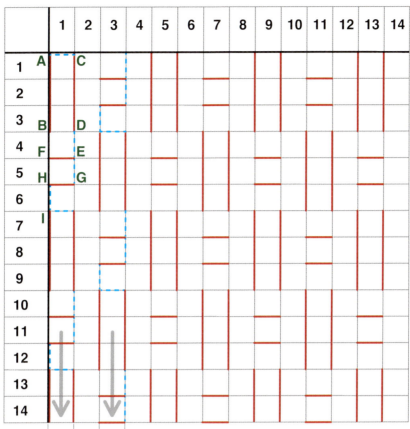

1列ごと仕上げる

■ 刺し方

1. Aの角に針を入れて1針すくい、次にBの角に針を入れて1針すくって再びAの角をすくい、糸を引き絞って角を突き合わせます。
2. 突き合わせたABの角を一緒に1針すくって片結びをします。
3. Cの角を1針すくって糸を渡し、片結びをします。
4. Dの角を1針すくい、再びCの角をすくって糸を引き絞って角を突き合わせます。
5. 突き合わせたCDの角を一緒に1針すくって片結びをします。
6. Eの角を1針すくって糸を渡し、片結びをします。
7. Fの角を1針すくい、糸を引き絞って角を突き合わせます。
8. 突き合わせたEFの角を一緒に1針すくって片結びをします。
9. Gの角を1針すくって糸を渡し、片結びをします。
10. Hの角を1針すくい、糸を引き絞って角を突き合わせます。
11. 突き合わせたGHの角を一緒に1針すくって片結びをします。
12. Iの角を1針すくって糸を渡し、片結びをします。Iの角がAと同じことになるので、あとはくり返しです。
13. 列の最後まで刺したら玉止めをして糸をカットし、隣の列を上から刺し始めます。
14. 次の1列は3段ずらして刺します。

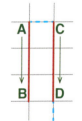

A→B、C→Dは3マス一度にすくう

RATTANの刺し方

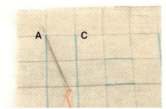

01 布の裏に格子を描き、85ページを参照してすくった角を突き合わせる線も引きます。

▶ AとBを突き合わせる

02 針に糸を通して1本取りで玉結びを作ります。格子のAの角を下から上に1針すくいます。1針は0.2cmほどです。

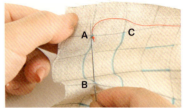

03 Bの角を下から上に1針すくい、02のAの角を同様にすくいます。

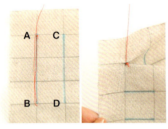

04 針を抜いて糸を引くと縦に糸が2本渡った状態です。糸をぎゅっと引き絞ってAとBを突き合わせます。

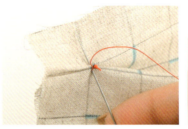

05 突き合わせたAとBの角を一緒に1針すくいます。

06 針を抜いて糸を引き、引き切る手前で小さなループを作ります。ループに針を右から左に通して糸をぎゅっと引きます。これで片結びができて布が固定されます。

▶ ABからCに糸を渡す

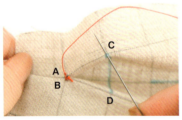

07 次にCの角を下から上に1針すくいます。

08 AからCの格子の線に糸を沿わせて引き、糸は引き切らずにループを作って針を通します。糸を引くと片結びができます。

▶ CとDを突き合わせる

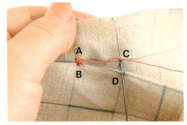

09 Dの角を下から上に1針すくい、再びCの角を下から上にすくいます。糸をぎゅっと引き絞ってCとDを突き合わせます。

▶ CDからEに糸を渡す

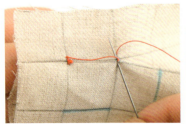

10 突き合わせたCとDの角を一緒に1針すくいます。

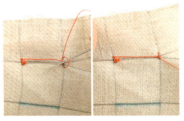

11 糸を引き切る手前で小さなループを作り、針を右から左に通します。糸をぎゅっと引いて片結びをして布を固定します。

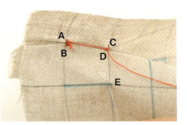

12 Eの角を下から上に1針すくいます。

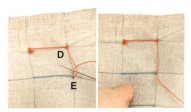
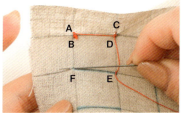

▶ EとFを突き合わせる

13 DからEの格子の線に糸を沿わせて引き、糸は引き切らずにループを作って針を通します。糸を引くと片結びができます。

14 Fの角を右から左に1針すくい、糸をぎゅっと引き絞ってEとFを突き合わせます。

15 突き合わせたEとFの角を一緒に1針すくいます。

▶ EFからGに糸を渡す

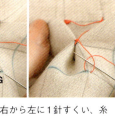

▶ GとHを突き合わせる

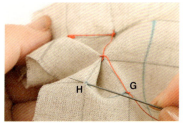

16 糸を引き切る手前で小さなループを作り、針を下から上に通します。糸をぎゅっと引いて片結びをして布を固定します。

17 Gの角を右から左に1針すくい、糸を格子に沿わせて引きます。糸は引き切らずにループを作って針を通し、片結びを作ります。

18 Hの角を右から左に1針すくい、糸を引き絞ってGとHの角を突き合わせます。

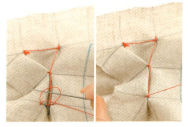

▶ GHからIに糸を渡す

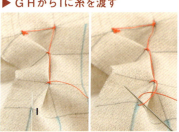

19 突き合わせたGとHの角を一緒に1針すくい、糸を引き切る手前で小さなループを作って針を下から上に通します。糸をぎゅっと引いて片結びをして布を固定します。

20 Iの角を下から上に1針すくい、格子の線に糸を沿わせて引きます。糸は引き切らずにループを作って右から左に針を通し、片結びを作ります。

21 IがAと同じなので、同様にくり返します。

▶ 1列ができた

22 1列刺し終わるとかなり縮みます。まだ細い模様部分しかわかりません。

▶ 2列ができた

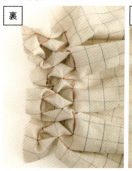

23
2列で編み目のような形が浮かび上がってきます。不揃いな部分は目打ちなどで引き出して形を整えます。好みでアイロンをかけてください。

DRAGON SCALES／龍のうろこ

表

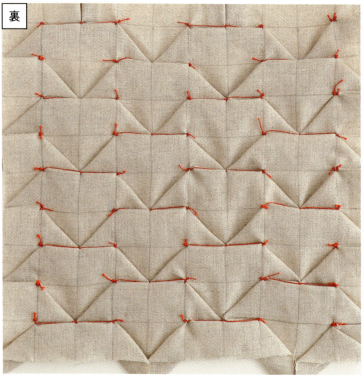

裏

■ 元の布のサイズ

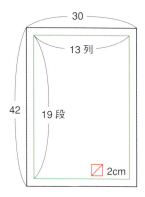

30
13 列
42
19 段
2cm

■ 布の伸縮度
★☆☆☆☆

■ プレスの必要性
あり

■ POINT
・1ブロックずつ仕上げる
・間隔があくので、糸を渡して続けずに毎回玉止めをして糸をカットする
・2マス1度にすくう

※赤の線は糸を引いて縮め、すくった部分を突き合わせる。水色の破線は糸を渡す。
アルファベットは刺す順番。

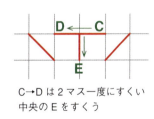

C→D は 2 マス一度にすくい
中央の E をすくう

■ 刺し方

1. A の角に針を入れて 1 針すくい、次に B の角に針を入れて 1 針すくって再び A の角をすくい、糸を引き絞って角を突き合わせます。
2. 突き合わせた AB の角を一緒に 1 針すくって片結びをします。
3. C の角を 1 針すくって糸を渡し、片結びをします。
4. D の角を 1 針すくい、糸を引き絞って角を突き合わせます。
5. 突き合わせた CD の角を一緒に 1 針すくって片結びをします。
6. E の角を 1 針すくい、再び CD の間をすくって糸を引き絞って角を突き合わせます。
7. F の角を 1 針すくって糸を渡し、片結びをします。
8. G の角を 1 針すくい、糸を引き絞って角を突き合わせます。
9. 突き合わせた FG の角を一緒に 1 針すくって片結びをします。
10. 玉止めをして糸をカットし、次のブロックを刺し始めます。

DRAGON SCALES の刺し方

01 布の裏に格子を描き、89ページを参照してすくった角を突き合わせる線も引きます。

▶ AとBを突き合わせる

02 針に糸を通して1本取りで玉結びを作ります。格子のAの角を内から外に1針すくいます。1針は0.2cmほどです。

03 Bの角を外から内に1針すくい、02のAの角を同様にすくいます。

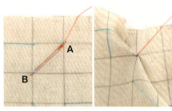

04 糸を引くと斜めに糸が2本渡った状態です。糸をぎゅっと引き絞ってAとBを突き合わせます。

05 突き合わせたAとBの角を一緒に1針すくいます。

06 針を抜いて糸を引き、引き切る手前で小さなループを作ります。ループに針を下から上に通し、糸をぎゅっと引きます。これで片結びができて布が固定されます。

▶ ABからCに糸を渡す

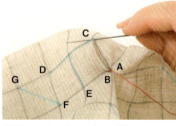

07 Cの角を右から左に1針すくいます。

08 格子の線に糸を沿わせます。糸は引き切らずに沿わせた糸の上を渡してループを作り、沿わせた糸の下に針を通します。糸を引いて片結びを作ります。

▶ C、D、Eを突き合わせる

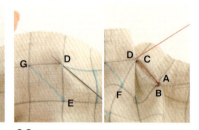

09 Dの角を右から左に1針すくい、糸をぎゅっと引いてCとDの角を突き合わせます。

10 突き合わせたCとDの角を一緒に1針すくいます。

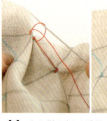

11 糸を引き切る手前で小さなループを作って針を下から上に通し、糸をぎゅっと引きます。片結びができました。

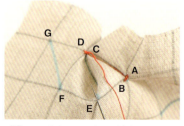

12 Eの角を下から上に1針すくいます。

13 CDの間をすくいます。布はすくわずに糸のみをすくいます。

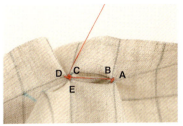

14 糸をぎゅっと引いてCDとEの角を突き合わせます。

15 Eの角からCDの間を一緒に1針すくいます。ここでもCDは布をすくわずに糸の下を通します。糸を引き切る手前でループを作って右から左に針を通して片結びをします。

▶ CDEからFに糸を渡す

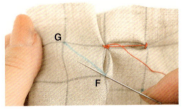

16 Fの角を右から左に1針すくいます。

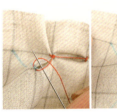

17 格子の線に糸を沿わせて引き切らずに沿わせた糸の上を渡してループを作り、沿わせた糸の下に針を通します。糸を引いて片結びを作ります。

▶ FとGを突き合わせる

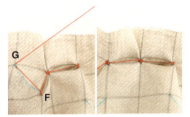

18 Gの角を内から外に1針すくい、糸をぎゅっと引いてFとGの角を突き合わせます。

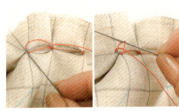

19 突き合わせたFとGの角を一緒に1針すくいます。糸を引き切る手前で小さなループを作って針を右から左に通し、糸をぎゅっと引いて片結びを作ります。

▶ GHからIに糸を渡す

20 玉止めをして糸をカットします。

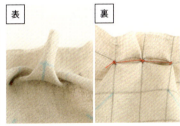

21 形がひとつできました。

▶ 7段ができた

22 1ブロックずつ刺して、7段めまでのブロックが刺し終わったところです。

23 不揃いな部分は目打ちなどで引き出して形を整え、最後にアイロンをかけます。

PUZZLE／パズル

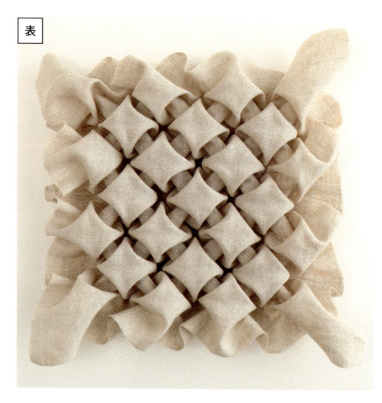

表

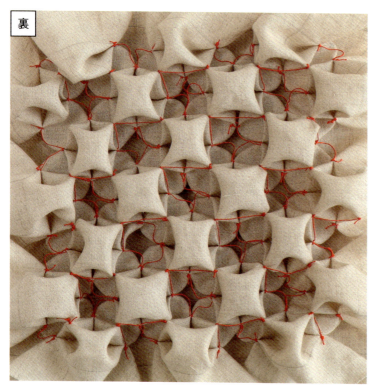

裏

■ 元の布のサイズ

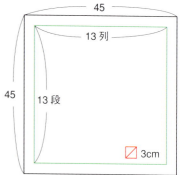

■ 布の伸縮度
★★☆☆☆

■ プレスの必要性
あり／なし
（仕上がりによる）

■ POINT
・1ブロックずつ刺す
・裏面もおもしろい
・格子の中心と角をすくう場合がある

※ 赤とピンクの線は糸を引いて縮め、すくった部分を突き合わせる。水色の破線は糸を渡す。
アルファベットは刺す順番。

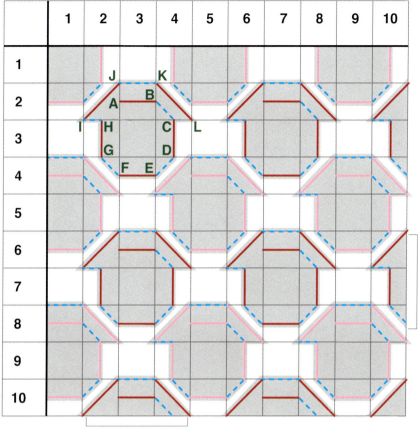

1ブロックごと仕上げる

■ 刺し方

1. 格子の中心のAに針を入れて1針すくい、次にBに針を入れて1針すくって糸を引き絞って突き合わせます。
2. 突き合わせたABを一緒に1針すくって片結びをします。
3. Cを1針すくって糸を渡し、片結びをします。
4. Dを1針すくい、再びCをすくって糸を引き絞って突き合わせます。
5. 突き合わせたCDを一緒に1針すくって片結びをします。
6. Eを1針すくって糸を渡し、片結びをします。
7. Fを1針すくい、糸を引き絞って突き合わせます。
8. 突き合わせたEFを一緒に1針すくって片結びをします。
9. Gを1針すくって糸を渡し、片結びをします。
10. Hを1針すくい、糸を引き絞って突き合わせます。
11. 突き合わせたGHを一緒に1針すくって片結びをします。
12. Iの角を1針すくって糸を渡し、片結びをします。
13. Jの角を1針すくい、糸を引き絞って突き合わせます。
14. 突き合わせたIJを一緒に1針すくって片結びをします。
15. Kを1針すくって糸を渡し、片結びをします。
16. Lを1針すくい、糸を引き絞って突き合わせます。
17. 突き合わせたKLを一緒に1針すくって片結びをします。
18. 玉止めをして糸をカットし、次のブロックを刺し始めます。

PUZZLE の刺し方

01 布の裏に格子を描き、93ページを参照して突き合わせる線も引きます。

▶ AとBを突き合わせる

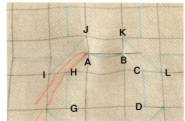

02 針に糸を通して1本取りで玉結びを作ります。格子のAを左から右に1針すくい、続けてBをすくいます。1針は0.2cmほどです。

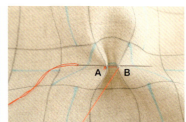

03 糸をぎゅっと引き絞ってAとBを突き合わせ、AとBを一緒に1針すくいます。

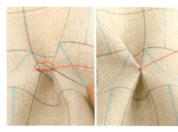

04 針を抜いて糸を引き、小さなループを作ります。針を下から上に通し、糸をぎゅっと引きます。これで片結びができて布が固定されます。

▶ ABからCに糸を渡す

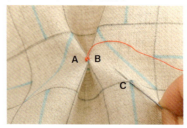

05 Cを下から上に1針すくいます。

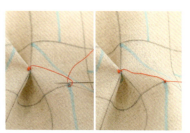

06 糸は引き切らずに布に沿わせて糸の上を渡してループを作り、沿わせた糸の下に針を通します。糸を引いて片結びを作ります。

▶ CとDを突き合わせる

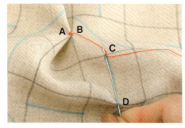

07 Dを下から上に1針すくい、再度Cを1針すくいます。

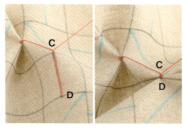

08 糸を引くと糸が2本渡った状態です。糸をぎゅっと引き絞ってCとDを突き合わせます。

09 突き合わせたCとDを一緒に1針すくいます。

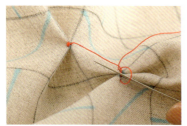

10 針を抜いて糸を引き、引き切る手前で小さなループを作ります。ループに針を右から左に通し、糸をぎゅっと引いて片結びを作ります。

▶ CDからEに糸を渡す

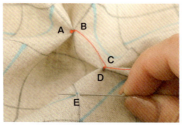

11 次にEを右から左に1針すくいます。

12 糸は引き切らずに布に沿わせて糸の上を渡してループを作り、沿わせた糸の下に針を通します。糸を引いて片結びを作ります。

▶ EとFを突き合わせる

13 Fを右から左に1針すくいます。

14 糸をぎゅっと引き絞ってEとFを突き合わせ、EとFを一緒に1針すくいます。

15 針を抜いて糸を引き、引き切る手前で小さなループを作ります。ループに針を下から上に通し、糸をぎゅっと引いて片結びを作ります。

▶ EFからGに糸を渡す

16 Gを下から上に1針すくいます。

17 糸は引き切らずに布に沿わせて糸の上を渡してループを作り、沿わせた糸の下に針を通します。糸を引いて片結びを作ります。

▶ GとHを突き合わせる

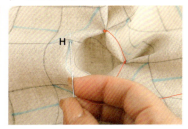
18 Hを下から上に1針すくいます。

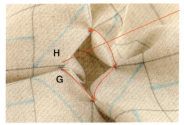
19 糸をぎゅっと引き絞ってGとHを突き合わせます。

20 突き合わせたGとHを一緒に1針すくいます。

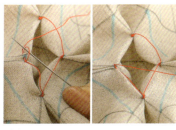
21 針を抜いて糸を引き、引き切る手前で小さなループを作ります。ループに針を右から左に通し、糸をぎゅっと引いて片結びを作ります。

▶ GHからIに糸を渡す

22 Iの角を外から内に1針すくいます。

23 糸は引き切らずに線に沿わせて糸の上を渡してループを作り、沿わせた糸の下に針を通します。糸を引いて片結びを作ります。

▶ IとJを突き合わせる

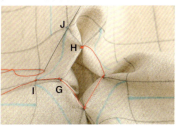
24 Jの角を内から外に1針すくいます。

PUZZLEの刺し方

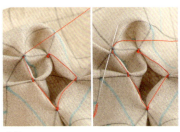

25 糸をぎゅっと引き絞ってIとJを突き合わせ、IとJを一緒に1針すくいます。

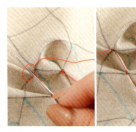

26 針を抜いて糸を引き、引き切る手前で小さなループを作ります。ループに針を下から上に通し、糸をぎゅっと引いて片結びを作ります。

▶ IJからKに糸を渡す

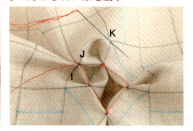

27 Kの角を外から内に1針すくいます。

28 糸は引き切らずに線に沿わせて糸の上を渡してループを作り、沿わせた糸の下に針を通します。糸を引いて片結びを作ります。

▶ KとLを突き合わせる

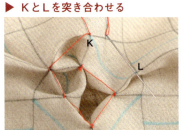

29 Lの角を内から外に1針すくいます。

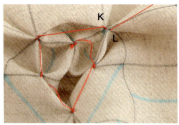

30 糸をぎゅっと引き絞ってKとLを突き合わせます。

31 突き合わせたKとLを一緒に1針すくいます。

32 針を抜いて糸を引き、引き切る手前で小さなループを作ります。ループに針を下から上に通し、糸をぎゅっと引いて片結びを作ります。

33 玉止めをして糸をカットします。形がひとつできました。

▶ 6段ができた

34 次のブロックをAから刺します。

35 1ブロックずつ刺して6段めまで刺し終わったところです。

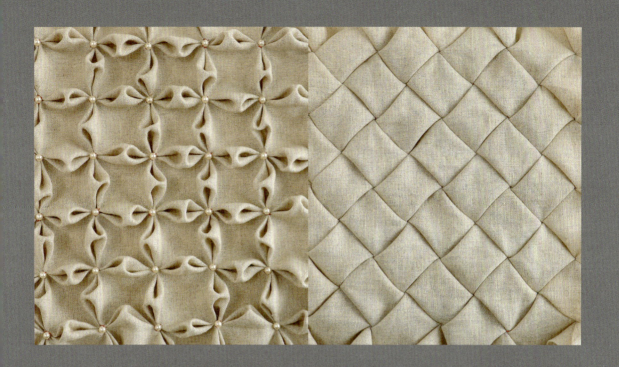

四隅をすくって絞る

格子の四隅を順番にすくって
布を引き絞るステッチです。

FLOWER／花

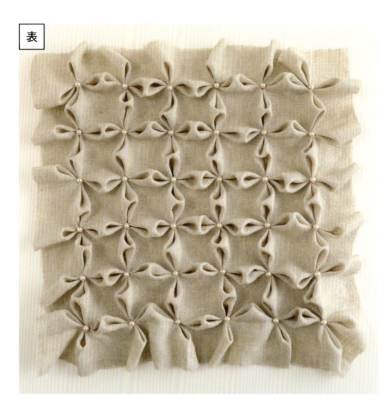

表

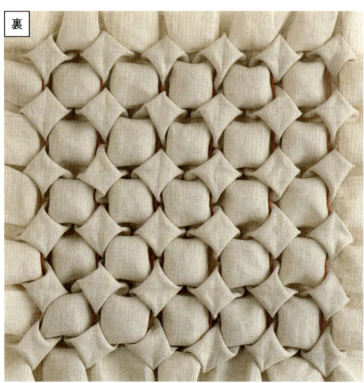

裏

■ 元の布のサイズ

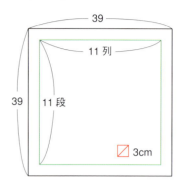

39 / 39 / 11 列 / 11 段 / 3cm

■ 布の伸縮度
★★☆☆☆

■ プレスの必要性
なし

■ POINT
・1列ずつ仕上げる
・裏面もおもしろい

※赤の線は順番にすくって糸を引き絞る。水色の破線は糸を渡す。
アルファベットは刺す順番。矢印は進む方向。

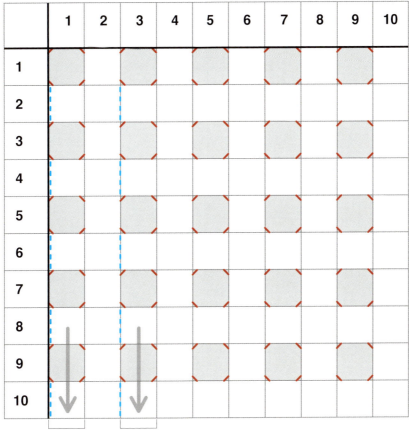

1列ごと仕上げる

■ 刺し方

1. Aに針を入れて表に糸を渡してBから出します。
2. 裏の角に糸を渡してCに針を入れ、表に糸を渡してDから出します。
3. 同様に裏の角に糸を渡してEに針を入れ、表に糸を渡してFから出します。これをくり返してHに針を出します。
4. Iの角に針を入れて表でビーズを通してJに出し、糸を引き絞ります。
5. Jの針を出した隣から針を入れて引き絞った表のビーズに通してIに出し、玉止めをします。
6. 次にKから針を出して格子に沿って糸を沿わせ、Lの角を1針すくって片結びをします。
7. Mから針を入れて表に糸を渡してNから出します。MがAと同じことになるので、あとはくり返しです。
8. 列の最後まで刺したら玉止めをして糸をカットし、隣の列を上から刺し始めます。

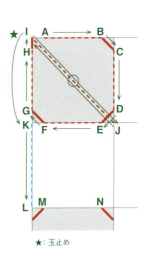

★：玉止め

FLOWERの刺し方

01 布の裏に格子を描き、99ページを参照して角に線も引きます。

▶ AからHに糸を通して四隅を拾う

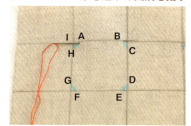

02 Aに針を入れて表に糸を渡してBから出します。

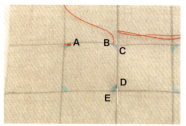

03 裏の角に糸を渡してCに針を入れ、表に糸を渡してDから出します。

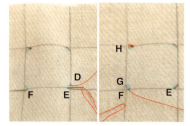

04 同様に裏の角に糸を渡してEに針を入れ、表に糸を渡してFから出します。これをくり返してHに針を出します。

▶ IJで表からビーズを通す

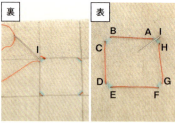

05 Iの角に針を入れて表に出します。

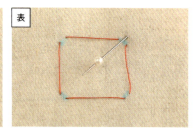

06 表で針にビーズを通します。

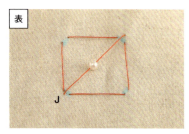

07 Jの角に針を入れて裏に出します。

▶ 糸を引き絞ってビーズに2周めの糸を通す

08 糸をぎゅっと引き絞り、AからHの角をよせて布の間にビーズをはさみます。

09 Jの針を出した隣から針を入れます。

10 表に針を出し、引き絞った表のビーズに通してIに針を入れます。

11 裏のIの角に針を出します。

▶ IからKに糸をくぐらせる

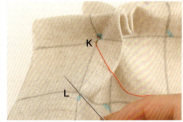
▶ KからLに糸を渡す

12 玉止めをして固定します。糸はカットせずにそのままにしておきます。

13 Iの角から針を入れて真下のKに出します。

14 Lの角を右から左に1針すくいます。

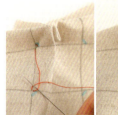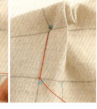

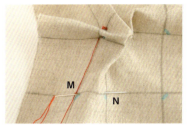

15 格子の線に糸を沿わせます。糸は引き切らずに沿わせた糸の上を渡してループを作り、沿わせた糸の下に針を通します。糸を引いて片結びを作ります。

16 Mに針を入れて表に糸を渡してNから出します。MがAと同じなので、同様にくり返します。

17 表から見るとビーズを中心に布がぎゅっと引き絞られた状態です。

▶ 1列ができた

▶ 2列ができた

18 上から下に1列刺せました。

19 2列刺すと四角の形が浮き出てきます。

▶ 形を整える

20 すべて刺せたら裏に出ているひだを指で表に押し出します。

21 三角に花びらの形が浮き出るので、目打ちできれいに引き出して整えます。

22 ビーズを中心に4枚の花びらが浮き出るように整えます。

HOURGLASS／砂時計

表

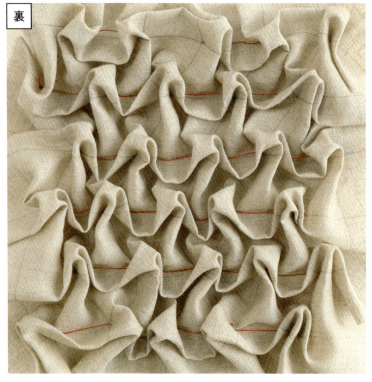

裏

■ 元の布のサイズ

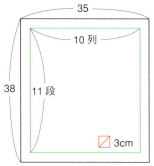

■ 布の伸縮度
★★★☆☆

■ プレスの必要性
なし

■ POINT
・1段ずつ仕上げる
・横に進む
・チェックやストライプ柄との相性がよい
・FLOWERと刺し方がほぼ同じ

※赤の線は順番にすくって糸を引き絞る。水色の破線は糸を渡す。
アルファベットは刺す順番。矢印は進む方向。

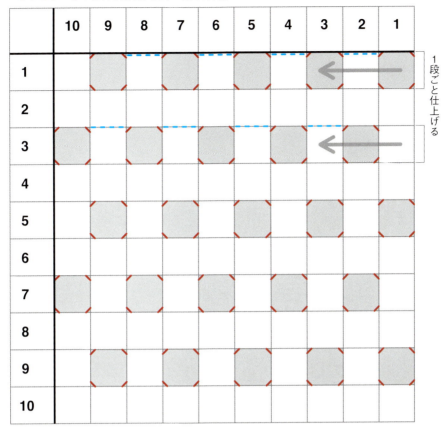

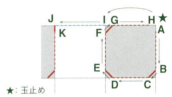

★：玉止め

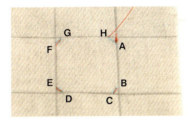

01 100ページのFLOWERと同様に、格子の角を1周します。

02 糸をぎゅっと引き絞り、Hで玉止めをします。

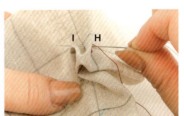

03 Hから針を入れてIに出します。

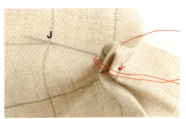

04 格子に沿って糸を沿わせ、Jの角を1針すくいます。

05 沿わせた糸の上を渡してループを作り、沿わせた糸の下に針を通して片結びをします。

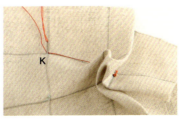

06 KがAと同じことになるので、あとはくり返しです。

103

DIAMOND／ダイヤモンド

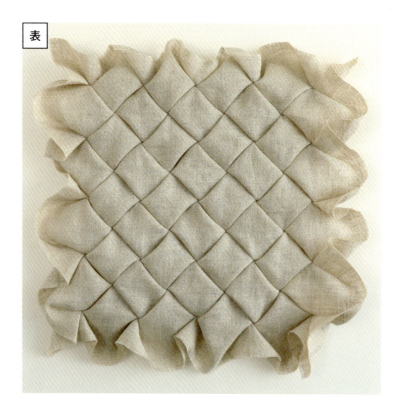

表

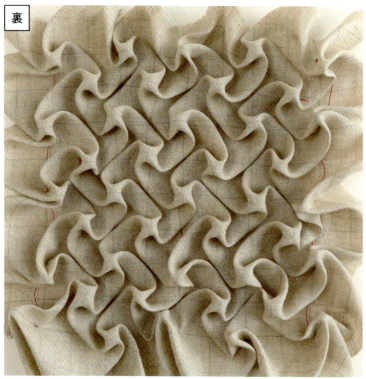

裏

■ 元の布のサイズ

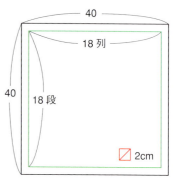

■ 布の伸縮度
★★☆☆☆

■ プレスの必要性
なし

■ POINT
・2列ずつ仕上げる
・裏面もおもしろい
・格子の角をひし形に刺す
・ドットやチェックとの相性がよい
・FLOWERのようにビーズをプラスしてもよい

※赤の線は順番にすくって糸を引き絞る。水色の破線は糸を渡す。
アルファベットは刺す順番。矢印は進む方向。

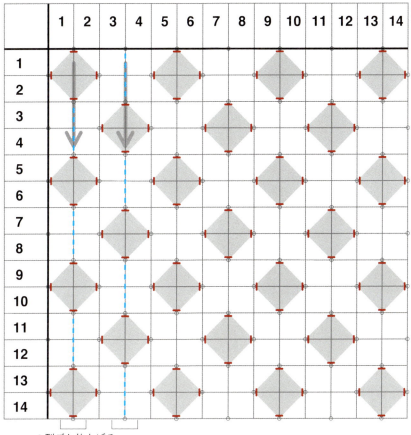

2列ごと仕上げる

■ 刺し方

1. Aに針を入れて表に糸を渡してBから出します。
2. 裏の角に糸を渡してCに針を入れ、表に糸を渡してDから出します。
3. 同様に裏の角に糸を渡してEに針を入れ、表に糸を渡してFから出します。これをくり返してHに針を出します。
4. 糸を引き絞って玉止めをします。
5. Iの角に針を入れてJに出して格子に沿って糸を沿わせ、Kの角を1針すくって片結びをします。
6. Lから針を入れて表に糸を渡してMから出します。LがAと同じことになるので、あとはくり返しです。
7. 列の最後まで刺したら玉止めをして糸をカットし、隣の列を上から刺し始めます。

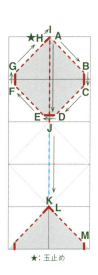

★：玉止め

BOXES／箱

表

■ 元の布のサイズ

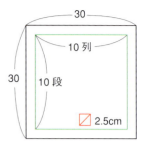

■ 布の伸縮度
★☆☆☆☆

■ プレスの必要性
あり／なし
（仕上がりによる）

■ POINT
・1マスずつ仕上げる
・間隔があくので、糸を渡して続けずに毎回玉止めをして糸をカットする
・FLOWERと刺し方の基本は同じだが、糸の渡り方が裏表逆になっている
・継ぎ目のでこぼこを出すか、へこませるかで模様が変わる

裏

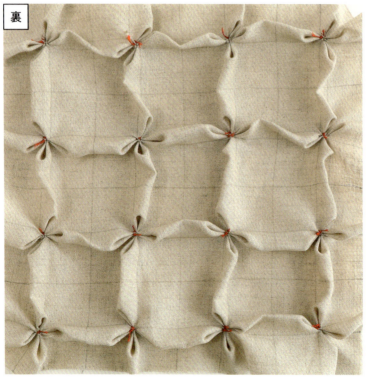

※赤の線は順番にすくって糸を引き絞る。
アルファベットは刺す順番。

	1	2	3	4	5	6	7	8	9	10
1	■			■			■			■
2										
3										
4	■			■			■			■
5										
6										
7	■			■			■			■
8										
9										
10	■			■			■			■

1マスごと仕上げる

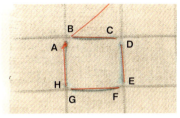

01 Aに針を入れて表で角に糸を渡してBから出します。裏で格子に糸を沿わせてCに針を入れて表で角に糸を渡してDから出します。これをくり返して1周しJ(B)から針を出します。ABの角だけが2重になっています。

02 糸をぎゅっと引き絞ります。

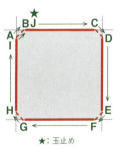

★：玉止め

03 玉止めをして糸をカットします。

04 裏側で花のような模様、表側でひし形の模様ができます。これをくり返すと模様の間に四角ができます。

P.25 サコッシュの作り方

出来上がり寸法 24×18×2cm

材料

本体用布（DARUMA FABRIC：Clayコットンナイロンギャバ）108×80cm
中袋用布（シーチング）50×30cm
普通厚接着芯100×10cm
内寸2.1cmDカン2個
直径1.2cmマグネットボタン1組

解説は25ページと違う布を使っています。また、わかりやすいように赤い糸を使っていますが、実際に縫うときは目立たない色の糸を使ってください。

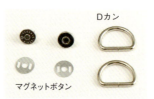
Dカン
マグネットボタン

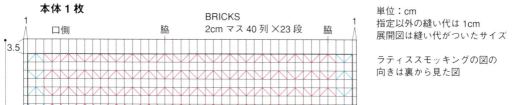

単位：cm
指定以外の縫い代は1cm
展開図は縫い代がついたサイズ

ラティススモッキングの図の
向きは裏から見た図

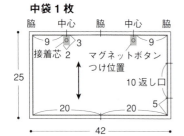

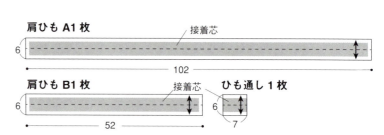

01
布にアイロンをあててカットし、裏に格子とすくった角を突き合わせる線も引きます。両端の2列の白の線（図では水色の線）は縫い合わせた後にステッチをする部分です。脇の合印も描いておきます。

02
中袋をカットし、縫い線、合印を描きます。3×2cmの接着芯を10枚用意し、口の中心に1枚ずつ重ねて貼り、5枚重ねにします。

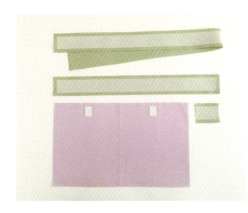

03
肩ひもA・Bとひも通しをカットし、裏に出来上がりサイズの接着芯を貼ります。ひも通しの両端のみ裁ち切りにします。

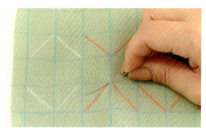

04 71・72ページを参照してBRICKSのパターンを刺します。両端の2列は残し、3列めの左下から刺し始めます。右に向かって進むので、本体の向きを90度回転して刺します。1段につき約1.2mの糸が必要です。

05 1段めが刺せました。刺し終わり側の2列も刺さずに残し、玉止めをします。

06 3段めが刺せました。BRICKSの形が浮かび上がってきます。このようにして、両端の2列を残して23段めまでを刺します。

07 本体がすべて刺せました。両端の2列と縫い代（2マス分の幅）が残っている状態です。

08 パターンが出るように形を整え、表からアイロンをかけます。スチームでゆっくりとあてて、少しふくらみが残るくらいにします。

09 上下の縫い代はガイド線に沿ってタックをたたんでアイロンをあてます。両端はアイロンをあてずに残します。

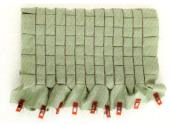

10 両端を中表に合わせて縫い代1cmで縫います。クリップで止めていますが、まち針でも大丈夫です。

サコッシュの作り方

11 縫い代をアイロンで押さえて割ります。アイロンミトンを内側に入れてしっかりとあてます。タオルなどを丸めてアイロンミトンの代わりにしても大丈夫です。

12 残した両端の4列を刺します。本体を回転して横にし、端から刺し始めます。1列めの格子の右下を1針すくい、続けて左上を1針すくって引き絞り、角を突き合わせます。

13 72ページを参考にして、次の格子の左下を1針すくいます。縫い代部分は縫い代の上から刺します。

14 糸を引き絞って角を突き合わせます。

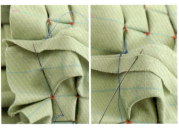

15 次の左下の角を1針すくい、引き絞らずに糸を布に沿わせて片結びをします。同じ格子の右上の角をすくって糸を引き絞ります。

16 最後の格子の右下の角をすくって引き絞ります。これで1段が刺せました。次の段も72ページ通りに刺し、23段すべてを刺します。

17 すべて刺すとこのようになります。これで端の模様が繋がりました。

18 表に返して4列部分のパターンを整え、アイロンをあてます。

19 再度裏に返して、脇の合印で中表に合わせて底を縫います。縫い代のタックを整えて縫い代1cmで縫います。

20 底の縫い代を割って脇の線と合わせて三角に折り、マチの長さを2cmで縫います。

21 底の縫い代をアイロンで押さえて割ります。

22 中袋の口中心にマグネットボタンをつけます。接着芯の中心に座金を合わせて切り込み位置に印をつけ、印にはさみで切り込みを入れます。

23 切り込みに表からマグネットボタンの足を差し込み、裏に座金をはめ込みます。ペンチで足をはさんで外側に倒します。もう片方にもマグネットボタンをつけます。

24 中袋を中表に合わせて二つ折りし、脇に返し口を残して脇と底を縫います。縫い代は1cmです。

25 縫い代をアイロンで割ってマチを2cmで縫います。

26 中袋を表に返します。これで本体と中袋ができました。

27 本体の内側に中袋を入れて中表に合わせます。本体の合印と中袋の脇を合わせます。

28 縫い代1cmで口をぐるりと縫います。

29 中袋の返し口から表に返します。

30 本体の内側に中袋を入れ、底を合わせます。底を合わせるとパターン半分が内側に入る位置になります。

31 アイロンミトンを内側に入れて口にアイロンをあてます。

32 中袋の返し口をコの字とじでとじます。縫い代のわの部分を交互にまっすぐすくって縫います。

33 肩ひもを長辺で半分に折り、縫い代1cmを内側に折ってアイロンで押さえます。肩ひもの幅は2cmです。

34 いったん肩ひもをひらき、角の縫い代を三角形にカットします。中心の折り目部分も三角形に切り込みを入れます。

111

サコッシュの作り方

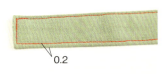  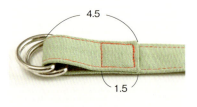

35 再度、縫い代を内側に折って二つ折りし、端から0.2cmの位置をぐるりと縫います。縫うときは縫い代を折り込んだ側から縫い、中心のわ側を最後に縫います。こうすることで2枚の端がずれるのを防ぎます。

36 肩ひもを2本とも作ります。ひも通しも同様に縫いますが、短い辺は縫わずに布端のまま残します。

37 Dカン2個を肩ひもAに通して折り返し、縫い止めます。

38 肩ひもBを二つ折りして重ね、ひも通しではさみます。0.5cm隙間をあけてひも通しの端を縫います。

39 ひも通しの縫い代を割り、戻らないようにかがっておきます。表に返します。

40 肩ひもを本体に縫いつけます。肩ひも中心と本体脇の位置を合わせて重ねます。

41 肩ひもの端から4cmを本体の脇に重ね、口から0.5cmの位置に印をしておきます。

42 肩ひものステッチの上を、41の印で四角に縫います。

43 肩ひもAとBが本体につきました。

44 肩ひもBにひも通しを通し、肩ひもAのDカン2個に通します。肩ひもBを折り返して再度Dカン1個に通し、ひも通しに通します。

45 完成です。

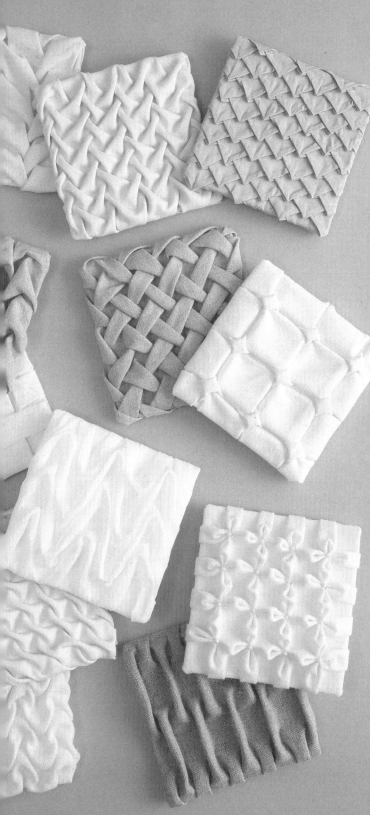

How to make
作品の作り方

- 図中の数字の単位はcmです。
- 構成図や図案の寸法は、縫い代を含んでいますので寸法通りに布をカットしてください。通常、縫い代は1cmです。指定のあるものは指定のサイズをつけてください。
- 指示のない点線は、縫い目やステッチの線を示しています。
- 材料の布の寸法は、幅×長さで表記しています。用尺は少し余裕を持たせています。作品の寸法は縦×横、縦×横×マチです。
- 各ラティススモッキングの刺し方は該当ページをご覧ください。
- ラティススモッキングの図の向きは裏側から見た図です。
- 布と糸は好みのものを使ってください。この本で使った布は布の名前と入手先を表記していますので、参考にしてください。入手先は160ページに連絡先を掲載しています。
- 作品の出来上がりは、図の寸法と多少差の出ることがあります。

P.10 LATTICEのマーメイドスカート

出来上がり寸法　着丈78cm

材料
本体用布（生地の森：洗いこまれたベルギーリネンローン60番手）108×210cm
幅3cm平ゴム80cm

作り方のポイント
- スモッキングはスカートに仕立ててから刺す。
- 脇の布端にジグザグミシンかロックミシンをかけて始末してから仕立てる。片側は縫い止まりまで、もう片側は上までかける。
- LATTICEの刺し方は50ページ参照。

作り方
① 本体を中表に合わせ、ゴム通し口を残して両脇を縫う。
② ウエスト、裾を三つ折りして縫う。
③ ウエストにゴムを通す。
④ LATTICEのスモッキングを刺す。

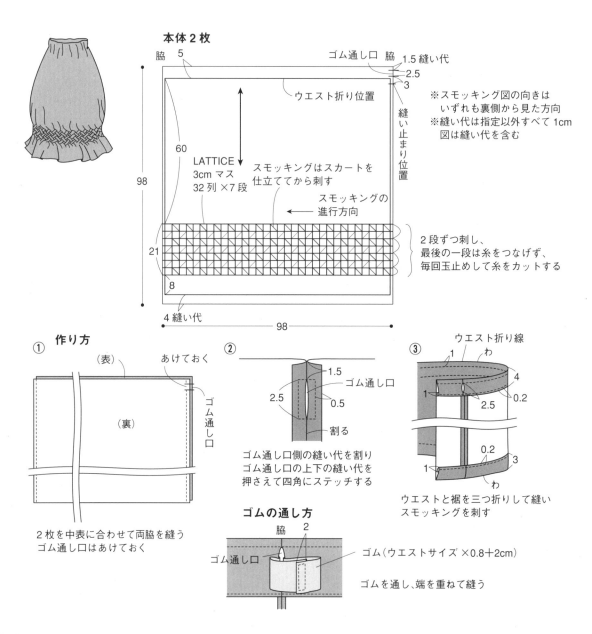

P.12 BRAIDのフリルベスト

出来上がり寸法 身幅46cm 着丈50cm

材料

身頃用布（生地の森：先染めリネンウールアンティークチェック）80×150cm（フリル、見返し、脇ひも分含む）
薄手接着芯30×20cm

作り方のポイント

- 左右のフリルと身頃の布端、見返しの周囲にジグザグミシンかロックミシンをかけて始末してから仕立てる。
- 見返しの脇は、フリルと身頃の縫い代にまつる。
- BRAIDEの刺し方は56ページ参照。

作り方

① 左フリルと右フリルのフリル端側を二つ折りして縫い、BRAIDのスモッキングを刺す。
② 見返しを作り、身頃に縫いつける。
③ フリルと身頃を中表に合わせて縫う。
④ 裾を三つ折りして縫う。
⑤ 脇ひもを作り、フリルに縫いつける。

見返しのつけ方

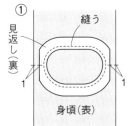

身頃に見返しを中表に合わせて縫う

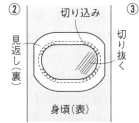

身頃の襟ぐりを見返しに合わせて切り抜き縫い代に切り込みを入れる

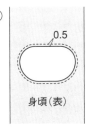

見返しを身頃の裏側に返してステッチで押さえる

作り方

①

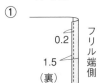

左右のフリルのフリル端側を折ってステッチし身頃側にスモッキングを刺す

脇ひもの作り方

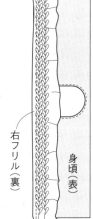

① 両側の先端を折り左右の端を中央で合わせて折る
② 二つに折り周囲を縫う

②③

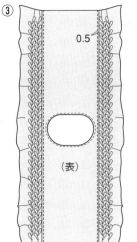

② フリルの縫い代のタックを整えて身頃にフリルを中表に合わせて縫う見返しを一緒に縫わないようによけておく

③ フリルをひらき、縫い代を身頃側に倒してステッチで押さえる見返しを一緒に縫わないようによけておく

④⑤

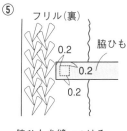

④ 裾のタックを整えて三つ折りして縫う

⑤ 脇ひもを縫いつける

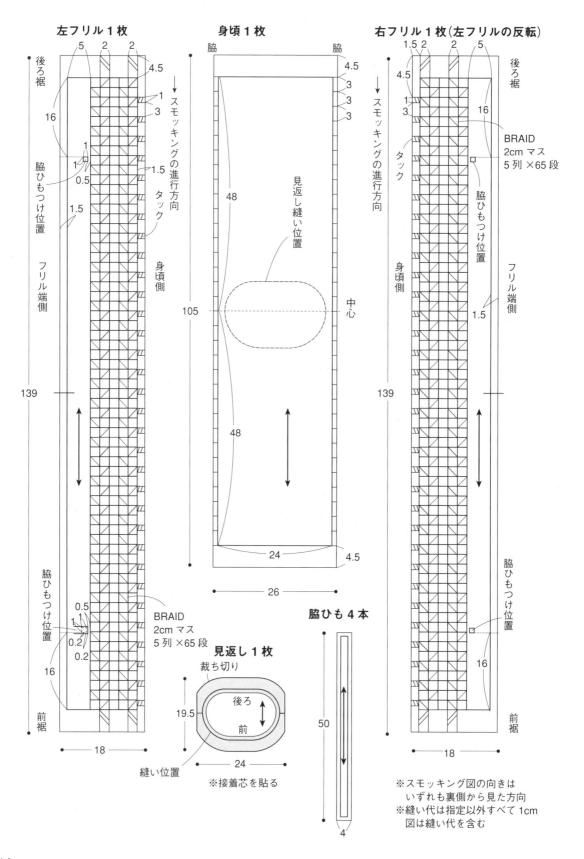

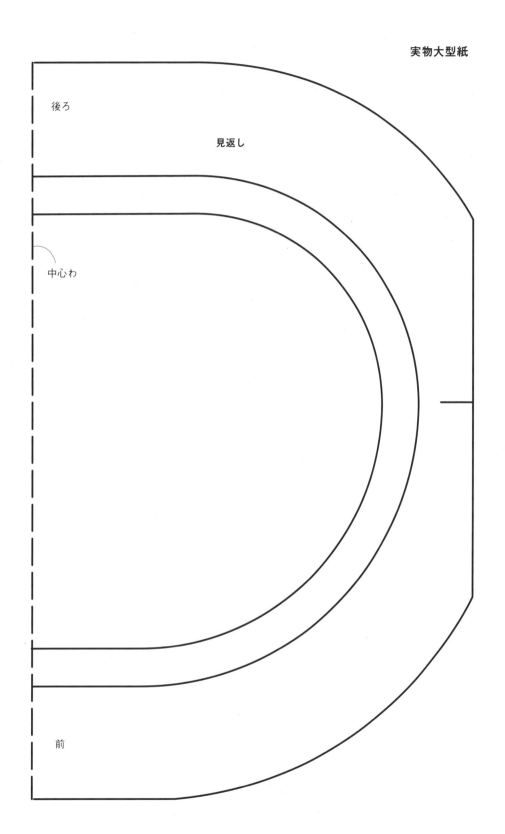

P.14 LEAFのオフショルダーブラウス

出来上がり寸法　バスト104cm 着丈46cm 袖丈62cm

材料
身頃用布（生地の森：洗いこまれた綾織りベルギーリネン60番手）110×190cm（袖分含む）
幅0.7cm 10コール平ゴム410cm

作り方のポイント
- 身頃の裾以外の布端にジグザグミシンかロックミシンをかけて始末してから仕立てる。
- ゴムは端を2cm重ねて縫い止める。
- LEAFの刺し方は60ページ参照。

作り方
①身頃と袖を中表に合わせて縫う。
②首周り、袖口、裾を縫う。
③LEAFのスモッキングを刺す。
④首周りにタックをよせて縫う。
⑤平ゴムを通す。

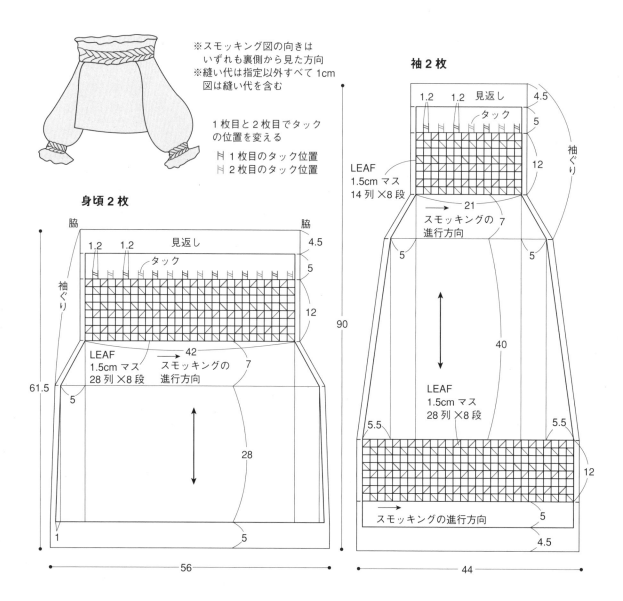

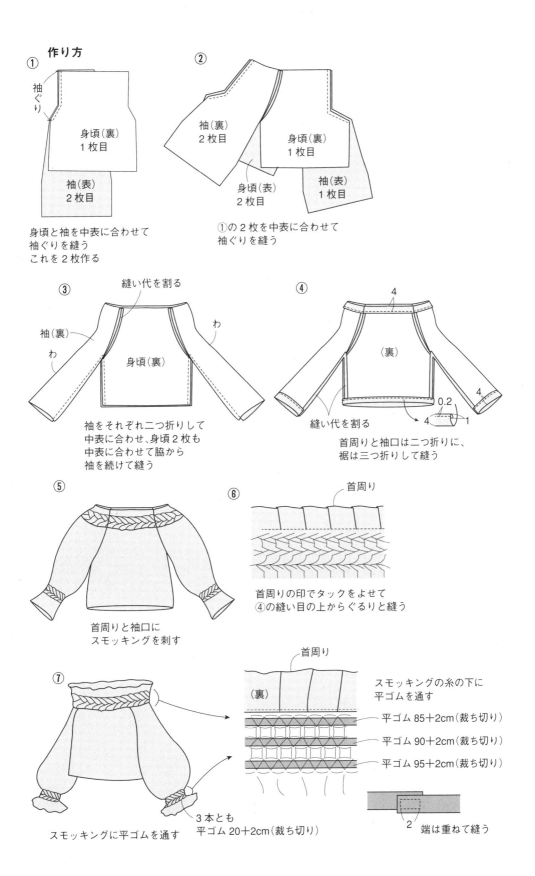

P.16 BONESのワンハンドルバッグ

出来上がり寸法　27×24×12cm

材料
本体用布（アルテモンド：オルフェス レザー調サテン）70×70cm
中袋用布（リネン）70×70cm

作り方のポイント
- スモッキングは糸を渡さず、毎回玉止めしてカットする。BONESの刺し方は62ページ参照。
- 布をカットするときは、バイヤスに輪にたたんで裁断する。
- 仕上げにタックの内側をすくうときは、中袋まですくい、タックの内側で玉止めする。

作り方
① BONESのスモッキングを刺す。
② マチと前・後ろの脇を中表に合わせて縫う。
③ 中袋も同様に縫う。
④ 本体と中袋を中表に合わせ、口周りを縫う。
⑤ 本体と中袋をそれぞれ持ち手の端を縫い合わせる。
⑥ 持ち手脇のタックの内側を縫い止める。

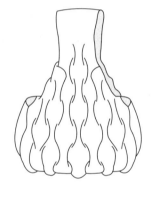

※スモッキング図の向きはいずれも裏側から見た方向
※縫い代は指定以外すべて1cm
図は縫い代を含む

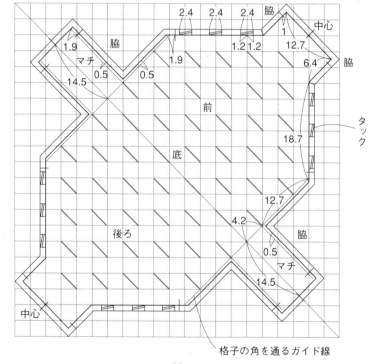

本体1枚　BONES　3cm マス 21列×21段

格子の角を通るガイド線

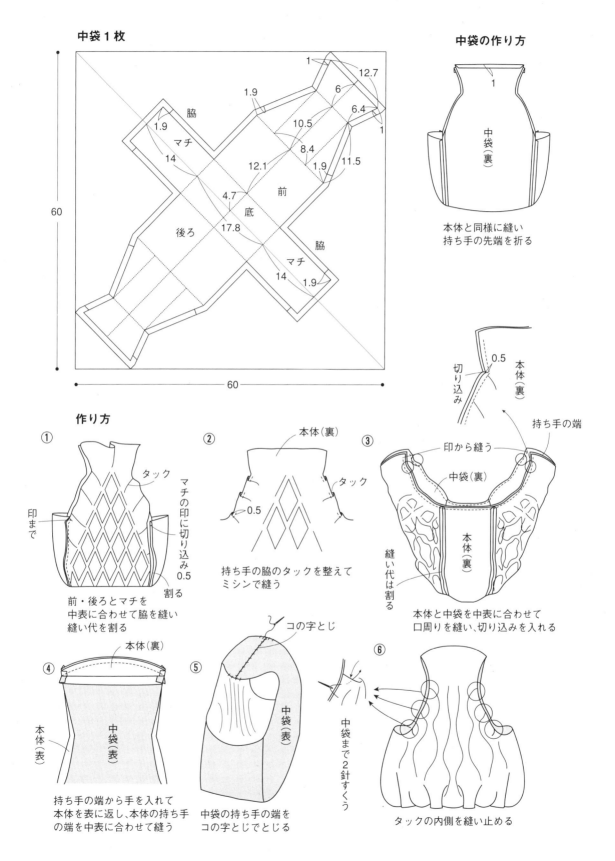

40％に縮小型紙、250％拡大してお使いください

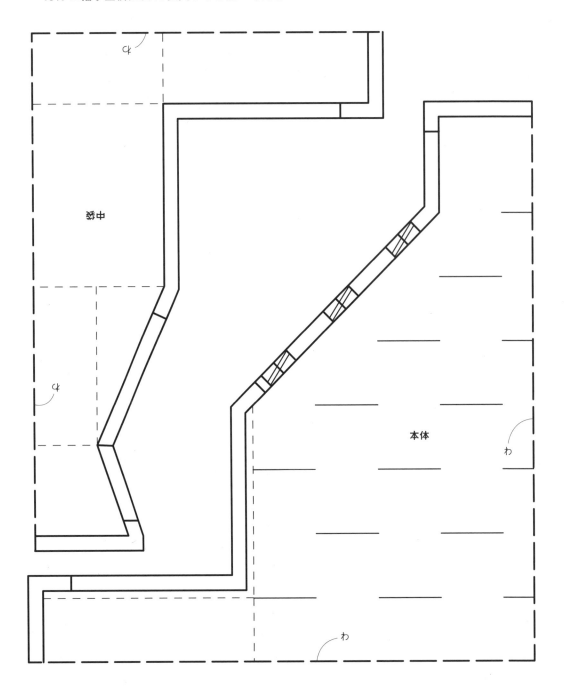

P.18 WAVEのポケットバッグ

出来上がり寸法　35×28×2cm

材料
本体用布 (生地の森：11号帆布ヴィンテージ) 108×80cm
(ポケット裏布分含む)
ポケット表布 (DARUMA FABRIC：Frost ラミーローン) 60×50cm
中袋用布 80×50cm
普通厚接着芯 100×20cm
直径0.9cmカシメ8個

作り方のポイント
- ポケット表布は周囲のタックを整えて仮止めしておくとよい。
- 本体2枚を中表に合わせて縫うときは、スモッキングを縫い込まないようにまち針で押さえてから縫う。
- WAVEの刺し方は64ページ参照。

作り方
① WAVEのスモッキングを刺してポケット表布を作る。
② ポケット表布とポケット裏布を中表に合わせてポケット口を縫い、縫い代を表布側に倒してステッチで押さえる。
③ 本体にポケット裏布を重ねて仕切りを縫う。
④ ポケットを表に返して周囲にしつけをかける。
⑤ 本体同士を中表に合わせ、周囲を縫い、マチを縫う。
⑥ 中袋を本体同様に縫う。
⑦ 本体に中袋を入れ、口を三つ折りして縫う。
⑧ 持ち手を作り、縫いつけてからカシメをつける。

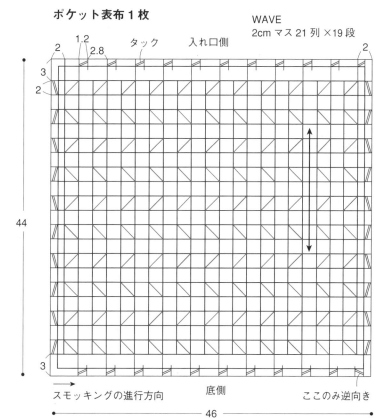

ポケット表布 1枚
WAVE 2cmマス 21列×19段
タック　入れ口側
スモッキングの進行方向　底側　ここのみ逆向き

※スモッキング図の向きはいずれも裏側から見た方向
※縫い代は指定以外すべて1cm
図は縫い代を含む

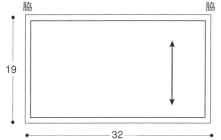

ポケット裏布 1枚
脇　脇
19　32

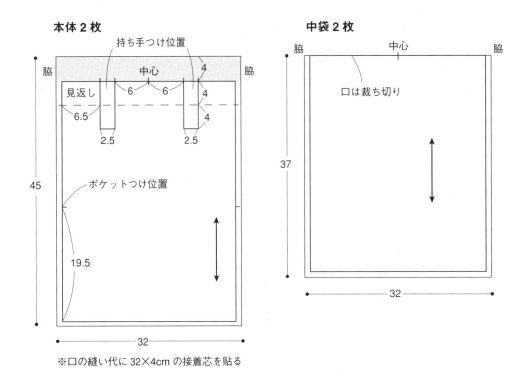

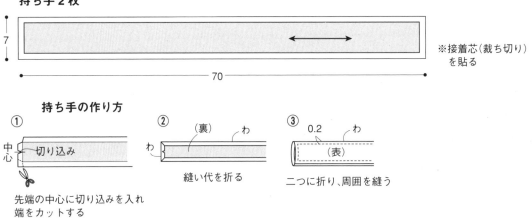

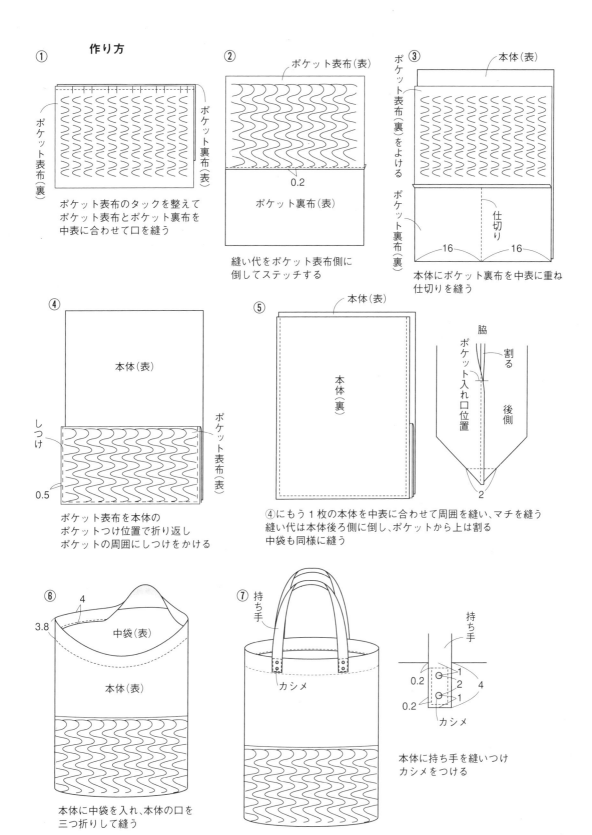

P.20 CRISSCROSS BONESのフリルハンドルバッグ

出来上がり寸法 24×44×4cm

材料

本体用布 (coscloth：ミネソフト 合皮) 90×80cm (持ち手、帯分含む)
中袋用布 (アルテモンド：アイリッシュクロス 綿オックス) 100×60cm
長さ30cmファスナー1本
幅3.8cmカバンテープ60cm

作り方のポイント

- 持ち手を表に返す前に、定規などを通して土台にして縫い代を割る。
- ファスナーをつけるとき、持ち手をつけた側に、ファスナーの下止め側を配置して縫いつける。
- 中袋下のギャザーはミシンの縫い目を大きくしてステッチをする。糸を引っ張ってギャザーをよせたあとに、アイロンで押さえておく。
- CRISSCROSS BONESの刺し方は66ページ参照。

作り方

① 本体にCRISSCROSS BONESのスモッキングを刺し、タックをよせてしつけをかける。
② 本体を中表に二つ折りし、両脇とマチを縫う。
③ 持ち手にCRISSCROSS BONESのスモッキングを刺し、中表に合わせて縫ってカバンテープを通す。
④ 中袋上と中袋下を縫い合わせ、本体同様に縫う。
⑤ 本体に持ち手の片側を縫いつける。
⑥ 本体の口にファスナーをつける。
⑦ 本体に持ち手の反対側を縫いつける。
⑧ 中袋を本体の内側に入れてまつりつける。
⑨ 帯を作り、持ち手の根元に巻いて縫い止める。

※スモッキング図の向きはいずれも裏側から見た方向
※縫い代は指定以外すべて1cm 図は縫い代を含む

本体1枚

CRISSCROSS BONES 2cmマス 20列×1段

※スモッキングとタックは、わの反対側も反転させずに同じ向きの線を引く

持ち手1枚

CRISSCROSS BONES 2cmマス 28列×3段

帯2枚

帯の作り方

① 中表に二つ折りし返し口を残して周囲を縫う
② 表に返して返し口をコの字とじでとじる

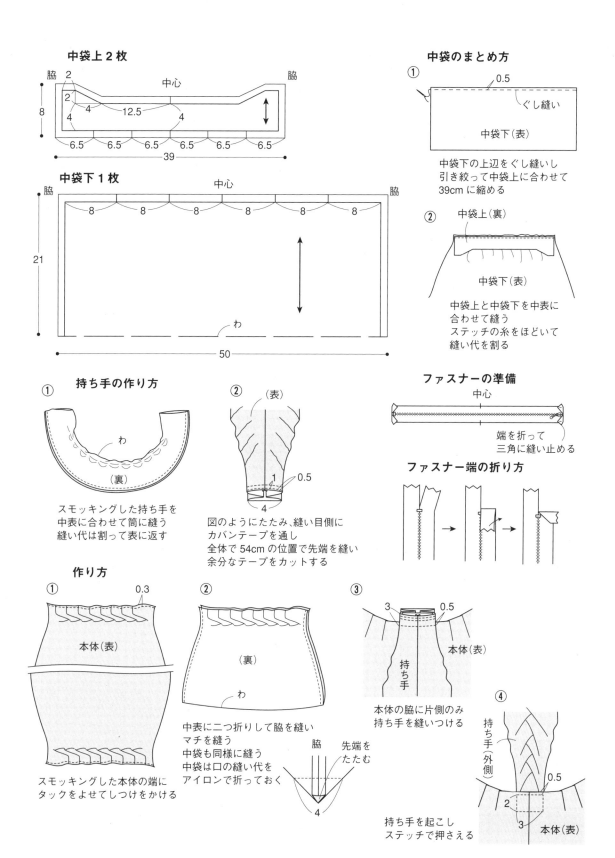

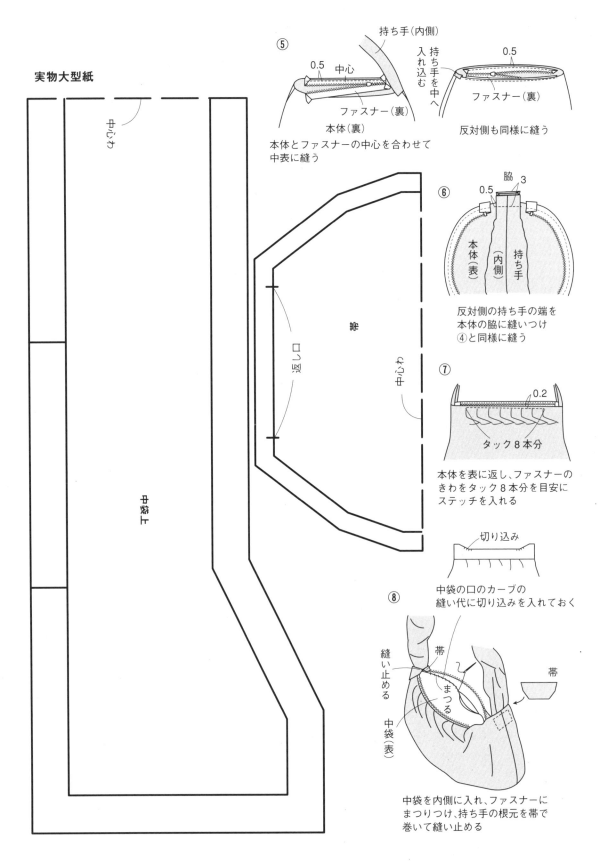

P.21 ARROWのトライアングルバッグ

出来上がり寸法 37×60cm

材料
本体用布（リネンバード：LIBECO マルタ リネン）150×80cm（持ち手分含む）
中袋用布（シーチング）110×80cm
薄手接着芯110×30cm

作り方のポイント
- 本体の口のタックをたたんでステッチをしてから、両脇のタックをたたむ。
- ARROWの刺し方は68ページ参照。

作り方
①本体にARROWのスモッキングをし、タックをよせてしつけをかける。
②ダーツを縫って中袋を作る。
③本体と中袋を中表に合わせ、口を縫う。
④本体同士、中袋同士を中表に合わせ、返し口を残して周囲を縫い、マチを縫う。
⑤表に返して返し口をとじる。
⑥持ち手を作り、本体の脇につける。
⑦口を前後5か所ずつ縫い止める。

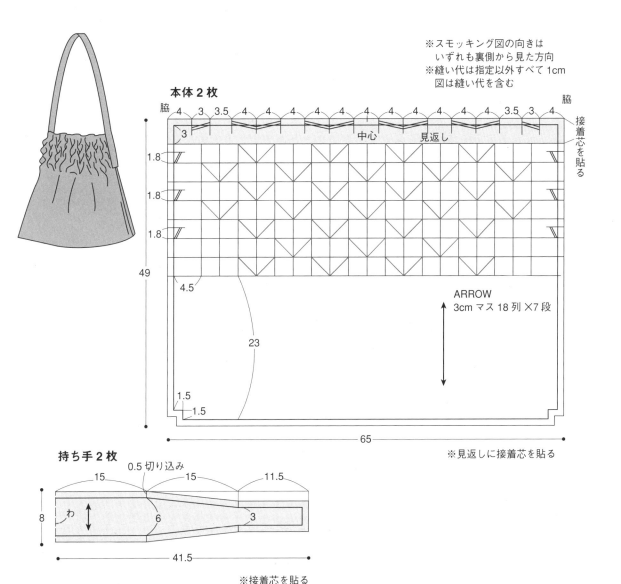

中袋上2枚

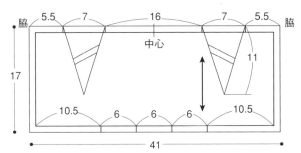

中袋下2枚

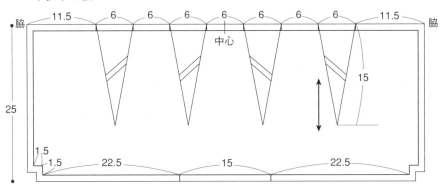

中袋のまとめ方

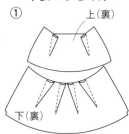

① 中袋上、中袋下のダーツを縫う

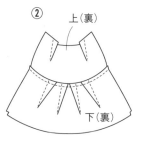

② 中袋上、中袋下を中表に合わせて縫い、縫い代を上側に倒す

持ち手の作り方

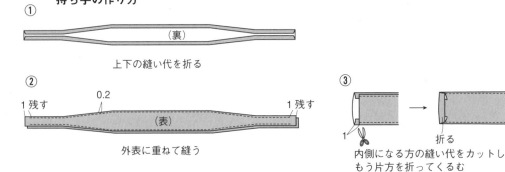

① 上下の縫い代を折る

② 外表に重ねて縫う

③ 内側になる方の縫い代をカットしもう片方を折ってくるむ

作り方

①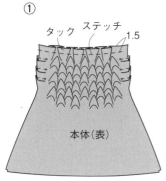

本体にスモッキングを刺し
口にタックをたたんでステッチをする
脇のタックもたたむ

②

本体と中袋を中表に合わせて
口を縫う
縫い代を中袋側に倒す

③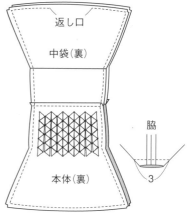

本体同士、中袋同士を中表に合わせ
返し口を残して周囲を縫い
縫い代を割る
マチをたたんで縫い、縫い代を
本体は底側に中袋は脇側に倒す

④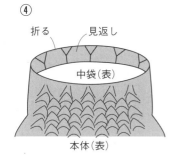

返し口から表に返して返し口を
コの字とじでとじ
見返しを内側に折り込む

⑤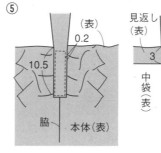

本体の両脇に持ち手をつける

⑥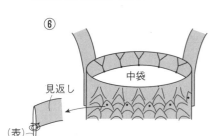

スモッキングの山の5か所を
内側の縫い目とタックの境目で
合わせて2すくいして縫い止める

P.24 BRICKSのリボンポーチ

出来上がり寸法　11×18×4cm

材料
本体用布（DARUMA FABRIC：Clay コットンナイロンギャバ）60×50cm
中袋用布（シーチング）40×30cm
長さ20cmフラットニットタイプファスナー1本
シードビーズ〈丸小相当〉（ラ・ドログリー）740個

作り方のポイント
- スモッキングを刺したら、ガイド線に沿うようにアイロンをかける。
- 脇を縫うときにスモッキングを縫い込まないように折り返しておく。
- BRICKSの刺し方は70ページ参照。

作り方
① 本体にBRICKSのスモッキングを刺し、周囲の縫い代を整えて脇の10か所を縫い絞る。
② 本体の口にファスナーをつける。
③ 本体を中表に二つ折りし、両脇とマチを縫う。
④ 中袋を本体同様に縫う。
⑤ 本体の内側に中袋を入れてファスナーにまつりつける。
⑥ スモッキングの中心をビーズを通しながら縫い止める。

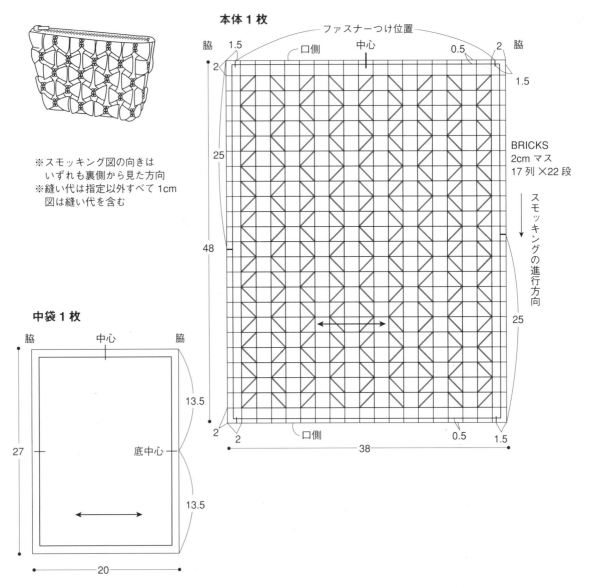

※スモッキング図の向きはいずれも裏側から見た方向
※縫い代は指定以外すべて1cm
　図は縫い代を含む

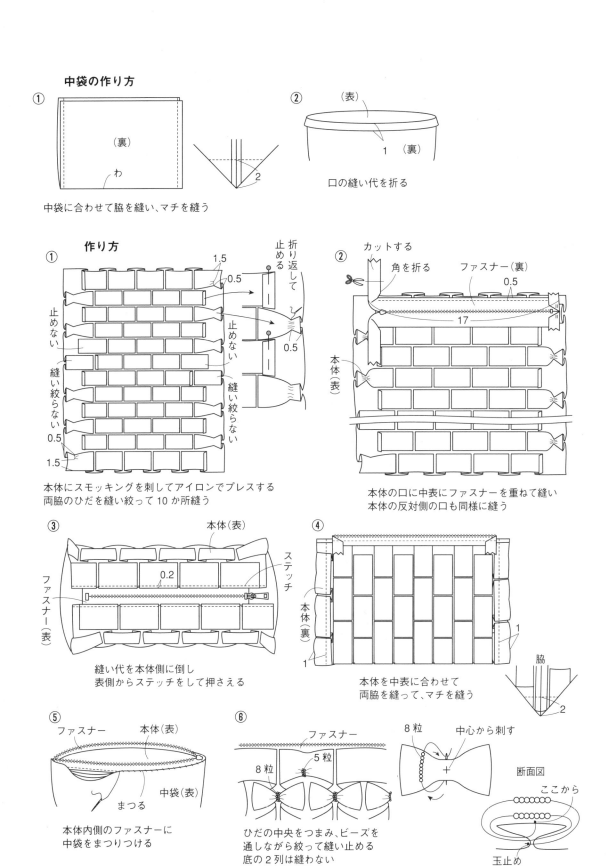

P.27 LOZENGEのクッション

出来上がり寸法　40×40cm

材料
本体用布（アルテモンド：ツムギクロス）100×60cm
40×40cmヌードクッション1個

作り方のポイント
- スモッキングはマス目が大きいので、糸は渡さず毎回玉止めする。
- 本体前の周囲と本体後ろの口側以外の3辺にロックミシンまたはジグザグミシンをかける。
- LOZENGEの刺し方は80ページ参照。

作り方
①本体前用布、後ろ用布の周囲にロックミシン（ジグザグミシン）をかける。
②前にLOZENGEのスモッキングを刺してタックを整える。両端の1列は残しておき、最後に刺す。
③後ろを2枚作る。
④前と後ろを中表に合わせて周囲を縫う。
⑤残した両端のスモッキングを刺し、表に返して整える。

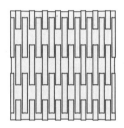

※スモッキング図の向きはいずれも裏側から見た方向
※縫い代は指定以外すべて1cm
　図は縫い代を含む

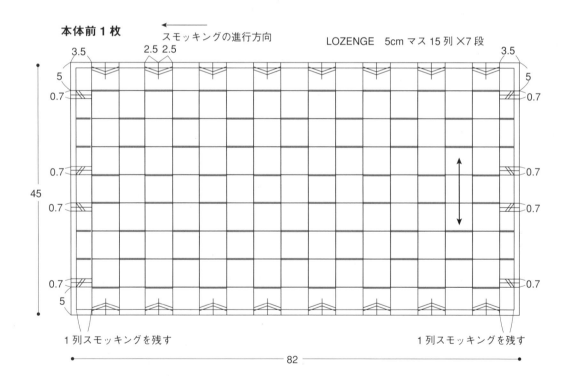

本体後ろ2枚

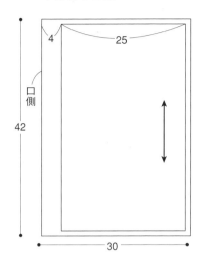

本体後ろの作り方

①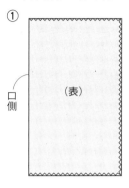

3辺の周囲にロックミシン（ジグザグミシン）をかける

②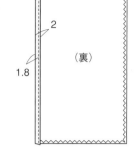

口側を三つ折りにして縫う

作り方

①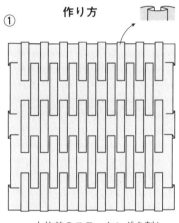

本体前のスモッキングを刺し上下、左右のタックをよせる

②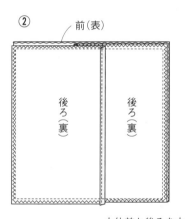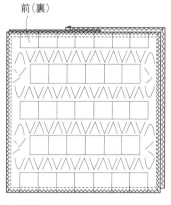

本体前と後ろを中表に合わせ前側から周囲を縫う

③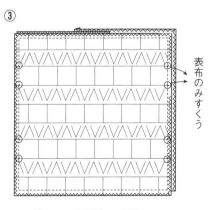

残していた両端8か所にスモッキングを刺す

④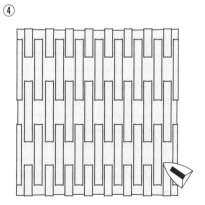

表に返して両端にアイロンをかける

P.29 SHELLのサークルクッション

出来上がり寸法 直径40cm 高さ15cm

材料
本体用布（ソールパーノ：2/48 ウールガーゼ）90×180cm（つつみボタン分含む）
直径5cmつつみボタン2個
手芸綿適宜
太口糸適宜

作り方のポイント
- 上下をぐし縫いして引き絞るときは、2mの長さの糸を4本取りにする。
- SHELLの刺し方は58ページ参照。

作り方
①SHELLのスモッキングを刺す。両脇はそれぞれ4マスを残す。
②中表に合わせて返し口を残して輪に縫う。
③縫い代を割って、残していたスモッキングを刺す。
④口をぐし縫いして引き絞る。
⑤ひだをすくって縫い、ひだを一定の方向に倒しながら、ぐるぐる巻いて縫い止める。
⑥表に返して綿を詰める。
⑦つつみボタンを作り、本体の中央に縫いつけ、返し口をコの字とじでとじる。

つつみボタン用布4枚
10
裁ち切り

つつみボタンの作り方
① 0.5
（表）
2枚重ねて周囲をぐし縫いする

②
つつみボタン
つつみボタンをくるみながらぐし縫いを引き絞り縫い止める

本体1枚

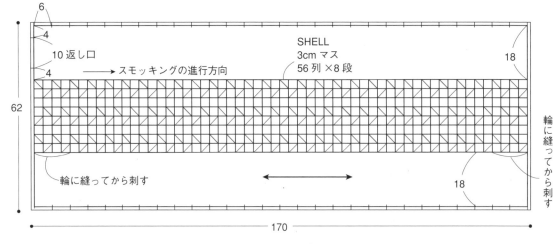

6
4
10 返し口
4
→ スモッキングの進行方向
SHELL
3cmマス
56列×8段
18
62
輪に縫ってから刺す
←→
18
輪に縫ってから刺す
170

※スモッキング図の向きはいずれも裏側から見た方向
※縫い代は指定以外すべて1cm 図は縫い代を含む

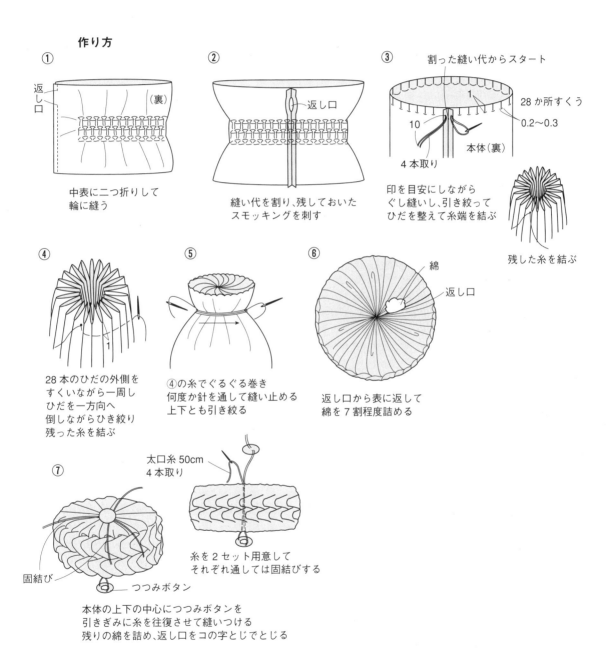

P.30 FLOWERの巾着バッグ

出来上がり寸法　23×22×20cm

材料
本体用布（coscloth：フロストサテン）140×60cm（持ち手、見返し分含む）
中袋用布（シーチング）110×40cm
普通厚接着芯100×10cm
直径0.3cmひも（ラ・ドログリー：ツイストコード）220cm
直径0.3cmビーズ（ラ・ドログリー：カットビーズ）107個

作り方のポイント
- スモッキングの上段の連続していない所は、糸を繋げずに毎回玉止めする。
- FLOWERの刺し方は98ページ参照。

作り方
①本体を中表に二つ折りして両脇とマチを縫う。
②本体にビーズを通しながらFLOWERのスモッキングを刺す。
③持ち手と見返しを作る。
④本体に持ち手を仮止めし、見返しを中表に合わせて縫う。
⑤返し口を残して中袋を縫う。
⑥本体と中袋を中表に合わせて縫う。
⑦表に返して返し口をコの字とじでとじる。
⑧口をステッチで押さえ、ひも通しを縫う。

※スモッキング図の向きはいずれも裏側から見た方向
※縫い代は指定以外すべて1cm　図は縫い代を含む

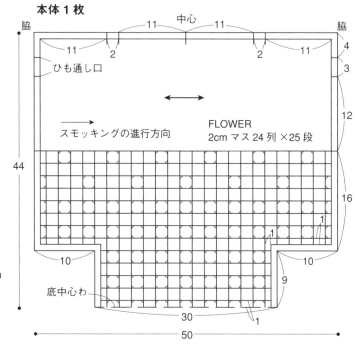

本体1枚

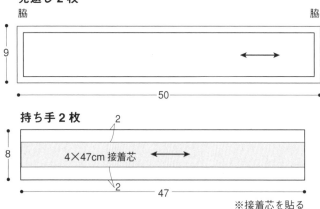

見返し2枚

持ち手2枚
4×47cm 接着芯
※接着芯を貼る

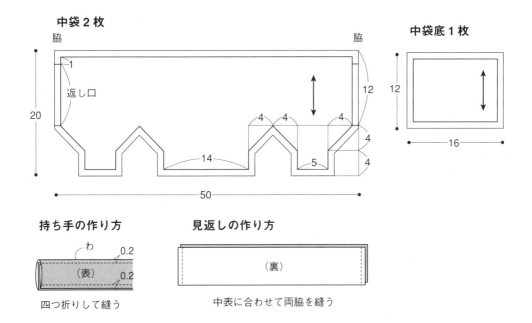

持ち手の作り方

四つ折りして縫う

見返しの作り方

中表に合わせて両脇を縫う

中袋の作り方

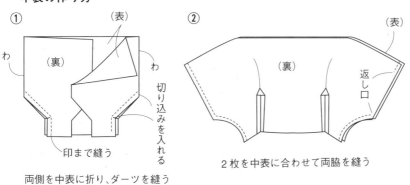

① 両側を中表に折り、ダーツを縫う
縫い代は縫わずに印までで縫い止める

② 2枚を中表に合わせて両脇を縫う

③ 中袋と中袋底を中表に合わせて縫う
縫い代を底側に倒す

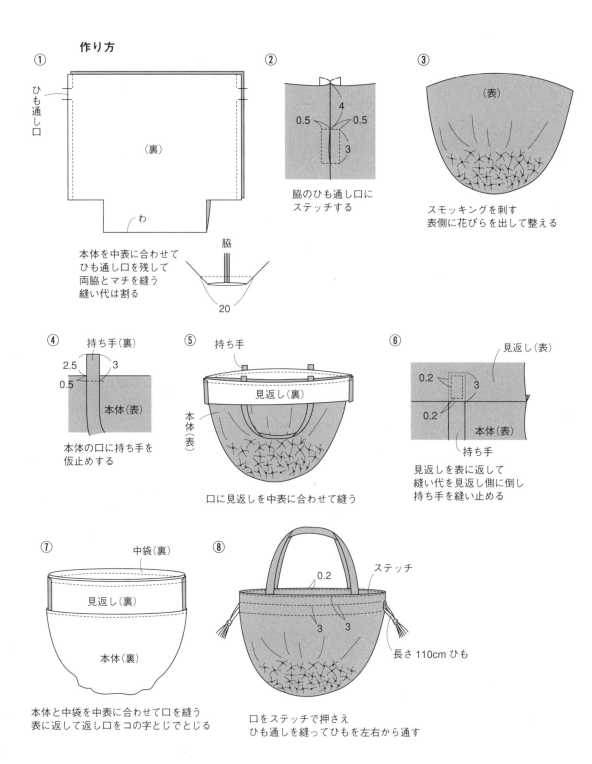

P.34 HEARTのチェーンバッグ

出来上がり寸法　17×23×6cm

材料
本体用布（アルテモンド：オルフェス レザー調サテン）
140×70cm（タブ、パイピングテープ分含む）
中袋用布（シーチング）110×30cm
織りタイプ接着芯100×30cm
バッグ底芯22×6cm
直径0.3cmひも180cm
長さ40cmフラットニットファスナー1本
幅1.5cmDカン2個
長さ3.1cmナスカン（ラ・ドログリー）2個
幅0.9cmチェーン肩ひも（ラ・ドログリー）60cm

作り方
①本体前にHEARTのスモッキングを刺す。
②タブとパイピングテープを作る。
③ふたマチにファスナーをつけ、タブをつけた底マチと中表に合わせて輪に縫う。
④マチにパイピングテープを縫いつける。
⑤本体とマチを中表に合わせて縫う。
⑥内ポケットを作り、中袋を作る。
⑦本体の内側に中袋をまつりつける。
⑧チェーンの肩ひもをつける。

作り方のポイント
- 本体底に底芯を貼るときは、薄くボンドを塗って貼る。
- 本体とマチを縫い合わせるときは、印まで縫ってマチの縫い代に切り込みを入れることを底から順番にくり返して縫い、つれないようにする。
- HEARTの刺し方は78ページ参照。

※スモッキング図の向きはいずれも裏側から見た方向
※縫い代は指定以外すべて1cm
図は縫い代を含む

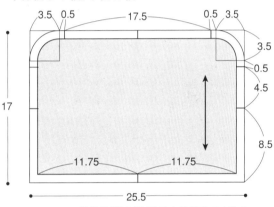

本体後ろ1枚、中袋2枚

※接着芯（裁ち切り）は本体後ろのみ貼る

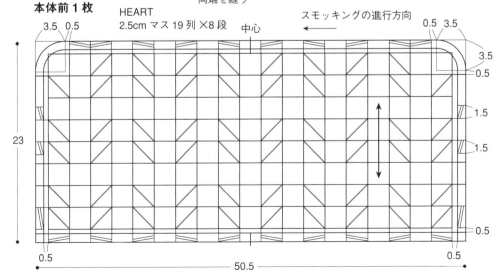

本体前1枚

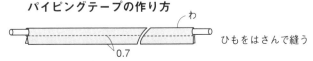

本体ふたマチ、中袋ふたマチ各2枚

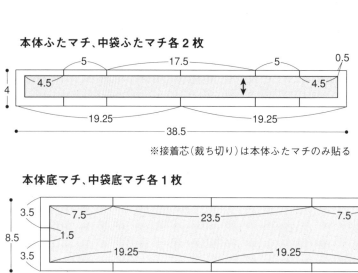

※接着芯（裁ち切り）は本体ふたマチのみ貼る

内ポケット1枚

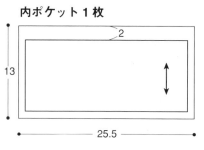

本体底マチ、中袋底マチ各1枚

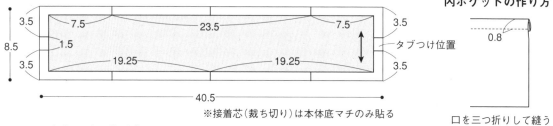

※接着芯（裁ち切り）は本体底マチのみ貼る

内ポケットの作り方

口を三つ折りして縫う

ふたマチの作り方

①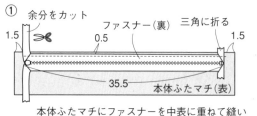

本体ふたマチにファスナーを中表に重ねて縫い
ファスナーの余分はカットする
反対側も縫う

②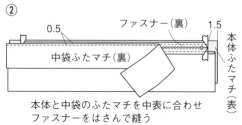

本体と中袋のふたマチを中表に合わせ
ファスナーをはさんで縫う

③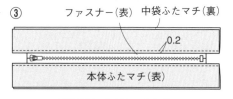

表に返してステッチする

ファスナー端の折り方

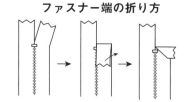

マチの作り方

①

両側にDカンを通したタブを仮止めする

②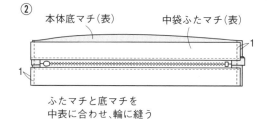

ふたマチと底マチを
中表に合わせ、輪に縫う

③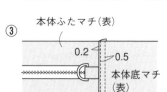

表に返して縫い代を底マチ側に倒し
ステッチで押さえる

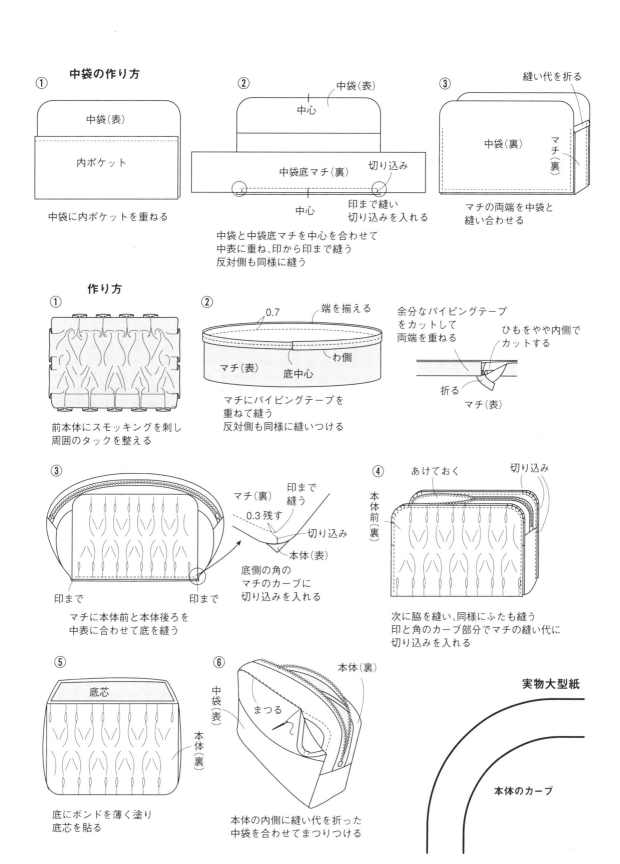

P.32 BOXESの巾着ポーチ

出来上がり寸法　14×10×10cm

材料

本体用布（アルテモンド：アイリッシュクロス 綿オックス）70×40cm
中袋用布（シーチング）50×30cm
ニットタイプ接着芯50×20cm
普通厚接着芯10×10cm
直径0.25cmひも（ラ・ドログリー）110cm
直径0.8cm丸ビーズ青（ラ・ドログリー）2個
0.5cm角四角ビーズシルバー（ラ・ドログリー）2個

作り方のポイント

- 本体のステッチ部分にはニットタイプ、底には普通厚の接着芯を貼る。
- 両端のスモッキングは1列ずつ残しておいて、縫い合わせてから刺す。
- BOXESの刺し方は106ページ参照。

作り方

①中袋4枚を縫い合わせる。
②本体と中袋を中表に合わせて口を縫う。
③両端1列ずつを残して本体にBOXESのスモッキングを刺し、目打ちでひだを出して形を整える。
④本体を中表に二つ折りし、返し口とひも通し口を残して縫う。
⑤残りのスモッキングを刺し、本体底側のタックを整える。
⑥本体底と中袋底をそれぞれ本体と中表に合わせて縫う。
⑦表に返して返し口をコの字とじでとじる。
⑧ひも通しを縫い、ひもを通してビーズをつける。

※スモッキング図の向きはいずれも裏側から見た方向
※縫い代は指定以外すべて1cm 図は縫い代を含む

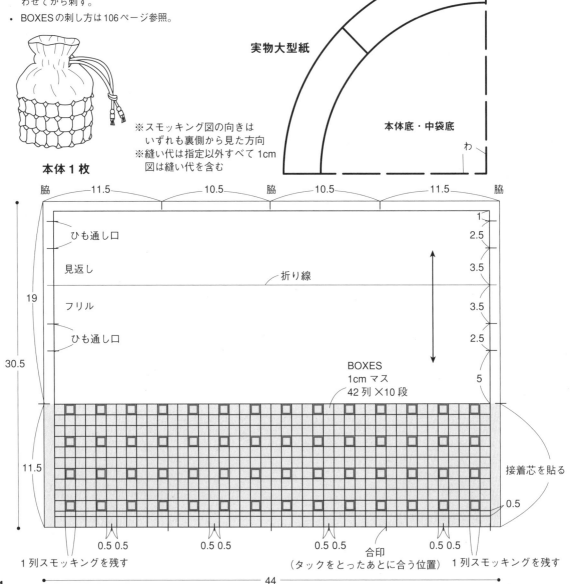

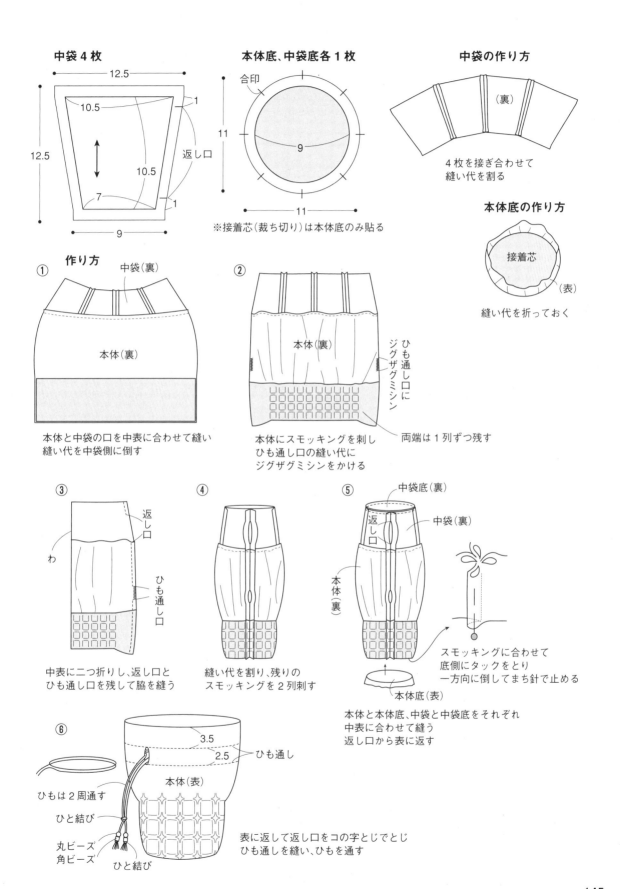

P.36 DIAMONDのフリルポーチ

出来上がり寸法　15.5×21cm

材料

本体用布（清原：シーチング ドットプリント5mm・ギンガムチェック6mm）各110×40cm
中袋用布（シーチング）110×20cm
長さ20cm フラットニットファスナー1本
シードビーズ〈丸中相当〉（ラ・ドログリー）218個

作り方のポイント

- 柄によって本体の用尺を決める。
- ファスナーは本体の口につけてから余分をカットする。
- スモッキングは外側1周を残して、ビーズをつけながら刺し、そのあとに残した1周をビーズをつけずに刺す。本体を仕立ててから外側1周のビーズをつける。
- DIAMONDの刺し方は104ページ、ビーズの刺し方はFLOWERの98ページを参照。

作り方

①本体にDIAMONDのスモッキングを刺す。
②タックを整えてステッチ線の外側にしつけをかける。
③ステッチ線を縫う。
④本体の口にファスナーをつける。
⑤本体を中表に合わせてフリルの周囲を縫う。
⑥表に返してフリルの周囲とステッチ線を縫う。
⑦裏に返して脇と底を縫う。
⑧表に返して残しておいた外側1周のビーズをつける。
⑨中袋を作り、本体内側のファスナーにまつりつける。

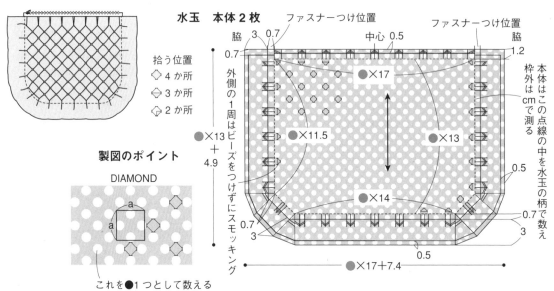

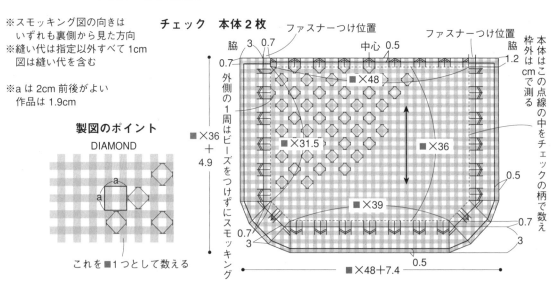

※スモッキング図の向きはいずれも裏側から見た方向
※縫い代は指定以外すべて1cm
図は縫い代を含む

※aは2cm前後がよい
作品は1.9cm

中袋2枚

中袋の作り方

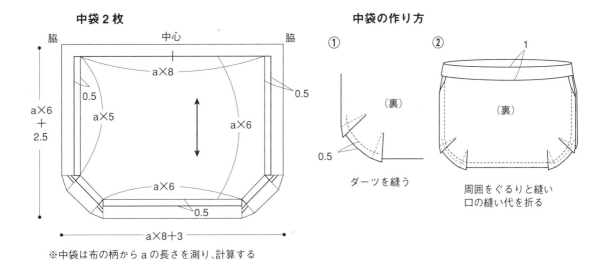

① ダーツを縫う
② 周囲をぐるりと縫い口の縫い代を折る

※中袋は布の柄からaの長さを測り、計算する

作り方

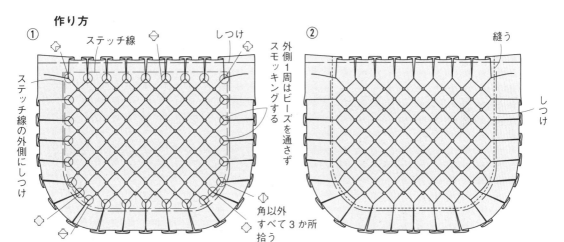

① 本体にビーズをつけながらスモッキングし、外側はビーズをつけずに拾う位置と数を変えてスモッキングする 周囲のタックをたたんでしつけをかける

② ステッチ線をU字に縫う

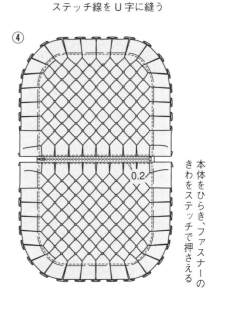

③ 本体の口にファスナーを中表に合わせファスナーつけ位置で両端を折って縫う 反対側も同様に縫いつける

④ 本体をひらき、ファスナーのきわをステッチで押さえる

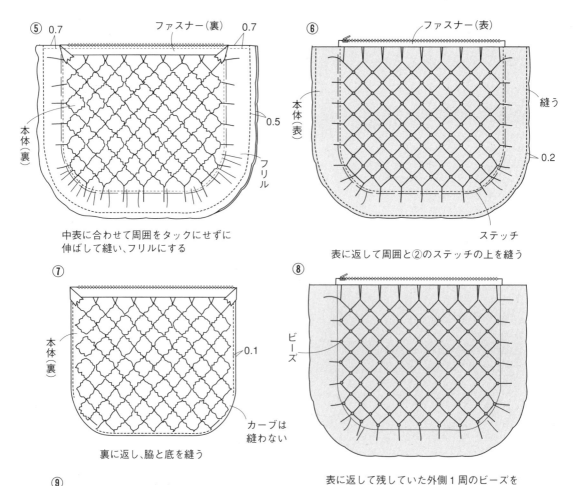

⑤ 中表に合わせて周囲をタックにせずに伸ばして縫い、フリルにする

⑥ 表に返して周囲と②のステッチの上を縫う

⑦ 裏に返し、脇と底を縫う

⑧ 表に返して残していた外側1周のビーズを縫いつける

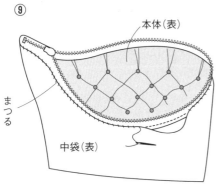

⑨ 本体を裏返し、中袋をかぶせてファスナーにまつりつける

P.38 HOURGLASSの半円バッグ

出来上がり寸法　25×37×6cm

材料
本体用布（アルテモンド：カフェストライプ柄 綿オックス）70×70cm
中袋用布（綿ツイル）110×40cm
ニットタイプ接着芯100×60cm
直径0.8cmパールビーズ20個
内径10cm持ち手リング（メルヘンアート：リングハンドル）1組

作り方のポイント
- スモッキングは、糸をつなげず毎回玉止めする。
- 3cm幅のストライプのピッチに合わせてスモッキングを刺す。
- HOURGLASSの刺し方は102ページ参照。

作り方
①本体にHOURGLASSのスモッキングを刺す。
②本体の持ち手通し位置の脇を縫う。
③本体の口をぐし縫いし、引き絞って縮める。
④中袋1枚を中袋マチと中表に合わせて縫う。
⑤本体と中袋を中表に合わせて口を縫う。
⑥持ち手を通して中袋と中袋マチを中表に合わせ、返し口を残して縫う。
⑦持ち手を口側に配置して、本体と中袋を中表に合わせて両脇を縫う。
⑧返し口から表に返して返し口をコの字とじでとじ、中袋を星止めで押さえる。
⑨中袋の接ぎ目位置をつまんで縫い、パールビーズをつける。

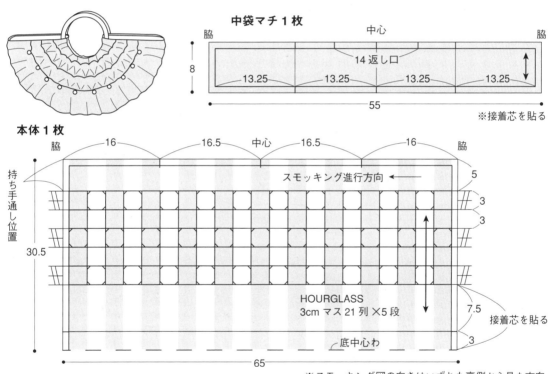

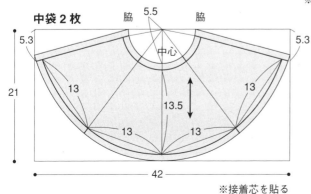

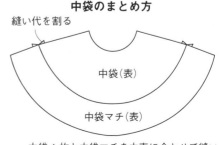

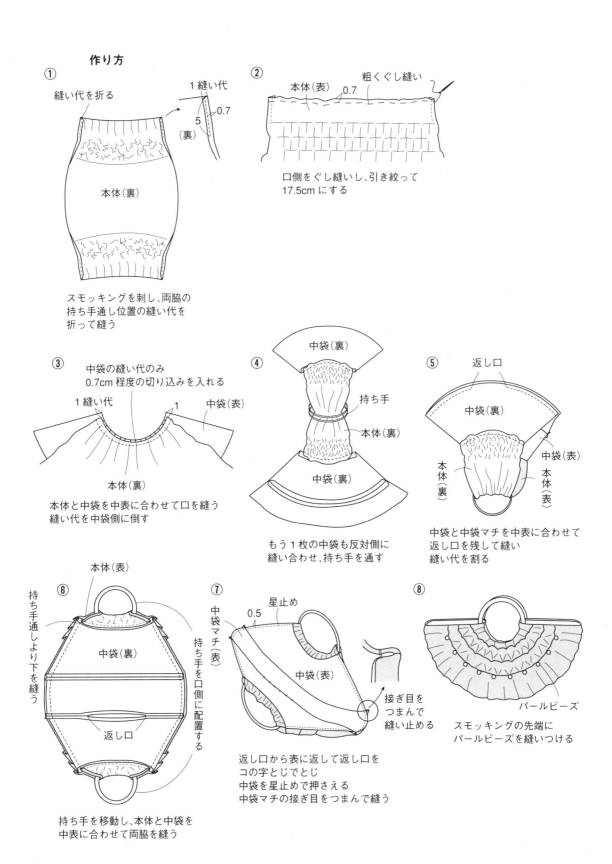

75%縮小型紙　133%に拡大して使用してください

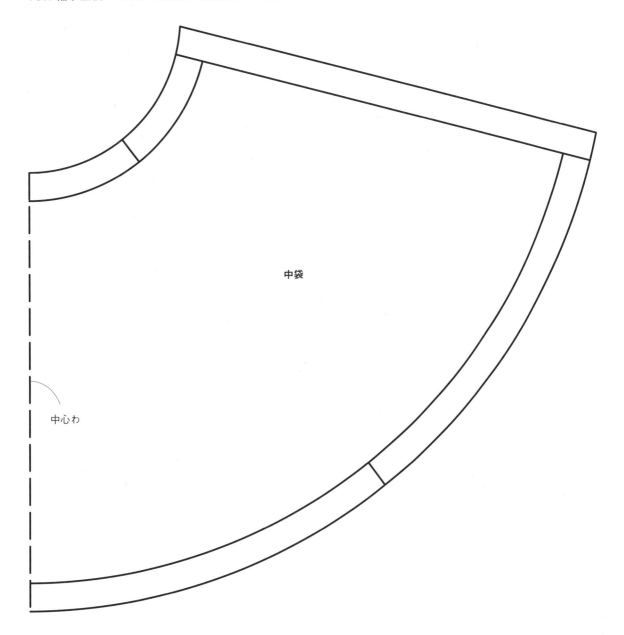

P.39 RATTANのバンブーハンドルバッグ

出来上がり寸法 33×33×11cm

材料

本体用布(ソールパーノ:先染綿/レーヨン/シルクツイルマルチボーダー)90×50cm(タブ分含む)
中袋用布(綿麻)110×30cm(本体底分含む)
ニットタイプ接着芯110×40cm
普通厚接着芯110×40cm
高さ13×幅20×厚み1.5cm竹バッグ持ち手(メルヘンアート:バンブーハンドル横穴W150mm)2本
内寸1.5cm持ち手用金具(メルヘンアート:シャックル小)4個

作り方

①両端を残して本体にRATTANのスモッキングを刺す。
②中表に輪に縫い、残りのスモッキングを刺す。
③本体と底を中表に合わせて縫う。
④中袋を作る。
⑤タブを作る。
⑥本体の口にタックをよせ、タブを仮止めする。
⑦本体と中袋を中表に合わせ、口に返し口を残して縫う。
⑧表に返して返し口を整え、口をステッチする。
⑨持ち手をつける。

作り方のポイント

- スモッキングはスチームアイロンをあてて、少しずつ形を整えて平らにする。
- 接着芯はニットタイプは本体、普通厚は中袋と本体底、中袋底、タブに貼る。
- 持ち手があとから通せないタイプの場合は、タブを仮止めするときに持ち手を通しておく。
- RATTANの刺し方は84ページ参照。

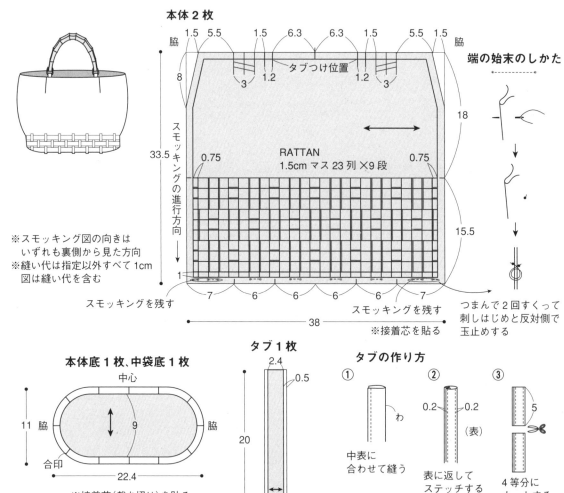

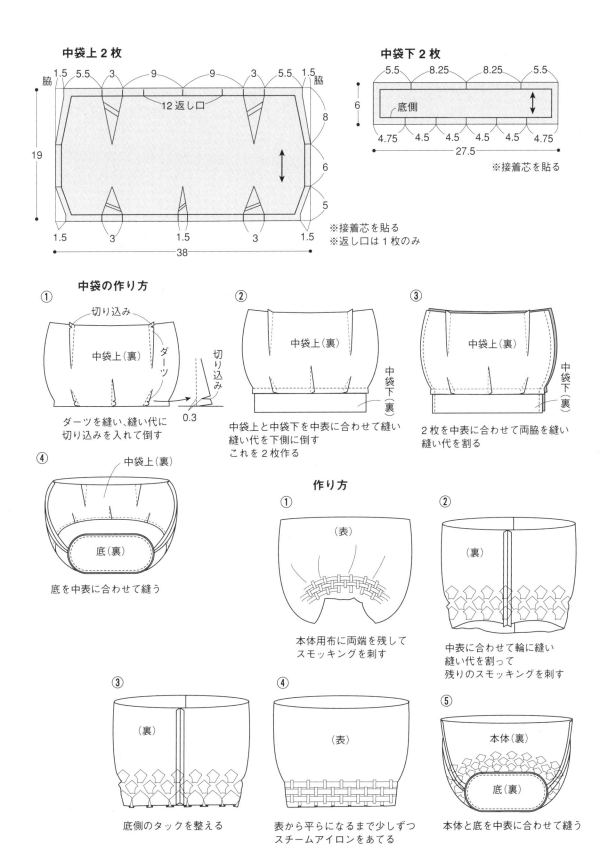

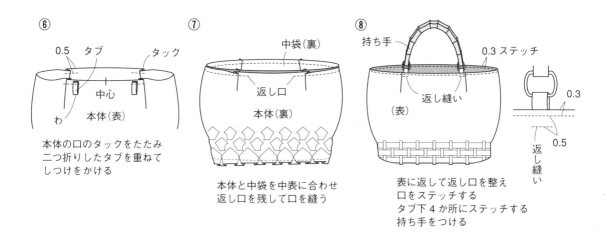

⑥ 本体の口のタックをたたみ二つ折りしたタブを重ねてしつけをかける

⑦ 本体と中袋を中表に合わせ返し口を残して口を縫う

⑧ 表に返して返し口を整え口をステッチする
タブ下4か所にステッチする
持ち手をつける

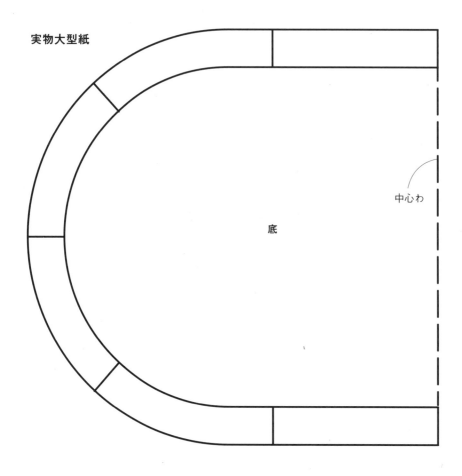

実物大型紙

底

中心わ

P.40 DRAGON SCALESの巾着バッグ

出来上がり寸法　19×19×19cm

材料

本体用布（nunocoto fabric：斜線big 綿100オックス）110×80cm（ひも通し分含む）
中袋用布（シーチング）110×30cm
厚手接着芯、片面接着キルト綿各20×20cm
直径0.5cmひも（ラ・ドログリー）170cm
直径0.8cmウッドビーズ（ラ・ドログリー）30個
直径0.5cm長さ1cmループエンド（ラ・ドログリー）4個

作り方のポイント

- 本体の両端のスモッキングは6ブロック分残し、輪に縫ってから刺す。
- 厚手接着芯は本体底、片面接着キルト綿は中袋底に貼る。
- DRAGON SCALESの刺し方は88ページ参照。

作り方

① 両端を残して本体にDRAGON SCALESのスモッキングを刺す。
② 本体を中表に二つ折りして輪に縫い、残しておいたスモッキングを刺す。
③ 本体と底を中表に合わせて縫う。
④ 中袋とひも通しを縫う。
⑤ 中袋にひも通しを縫いつける。
⑥ 本体と中袋を中表に合わせて口を縫う。
⑦ 表に返して返し口をとじる。
⑧ ひだの先端にウッドビーズをつける。
⑨ ひも通しにひもを通し、ループエンドをつける。

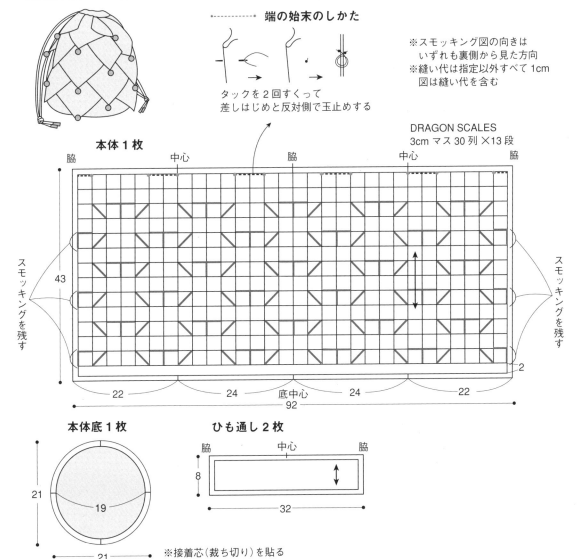

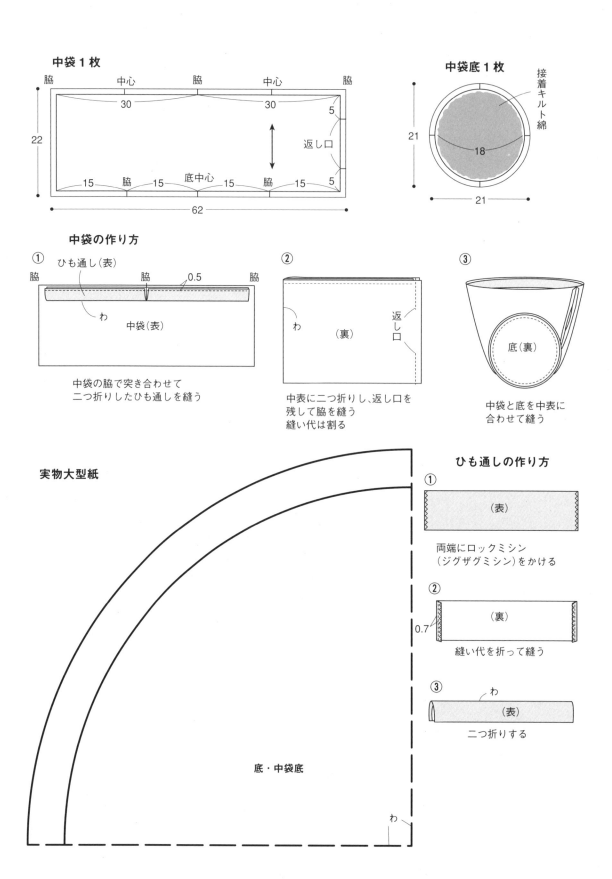

① 作り方

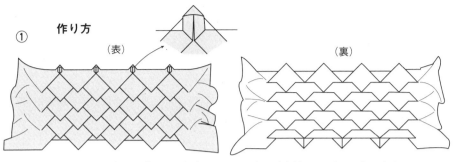

両脇の6ブロックを残してスモッキングを刺し、アイロンをかける

②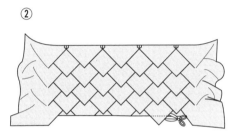

上下のはみ出たひだをカットする

③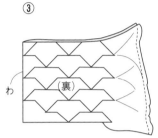

中表に輪に縫い、縫い代を割る

④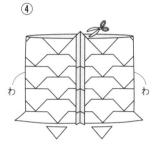

残しておいた6ブロックのスモッキングを刺し、上下にはみ出たひだをカットする

⑤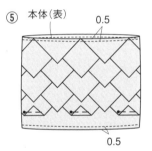

上下にぐるりとステッチする
下側はひだを縫い込まないようによけておく

⑥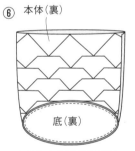

本体と本体底を中表に合わせて縫う
⑤と同様にひだをよけておく

⑦

本体と中袋を中表に合わせて口を縫い、返し口から表に返して返し口をコの字とじでとじる

⑧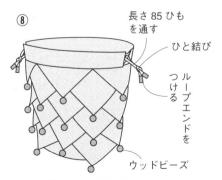

ひもを通し、ひだの先端にウッドビーズを縫いつける

P.42 PUZZLEのファブリックパネル

出来上がり寸法　29×29×2cm

材料

本体用布（アルテモンド：アイリッシュクロス　綿オックス）70×70cm
オーガンジー（coscloth：シャンブレーソフト オーガンジー）70×70cm
S3サイズ（27.3×27.3cm厚み2cm）木製パネル1枚

作り方のポイント

- 本体に木製パネルを合わせるときは、本体を引き気味にして角の位置を合わせて貼る。
- タッカーで止めた上から金槌で叩いて固定する。
- 裏側の布端はタッカーで固定してからマスキングテープを貼ってもよい。
- PUZZLEの刺し方は92ページ参照。

作り方

① 本体用布にオーガンジーを重ね、しつけをかける。
② PUZZLEのスモッキングを刺す。
③ 木製パネルをくるんで固定する。

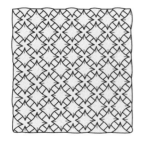

※スモッキング図の向きはいずれも裏側から見た方向
※縫い代は指定以外すべて1cm
　図は縫い代を含む

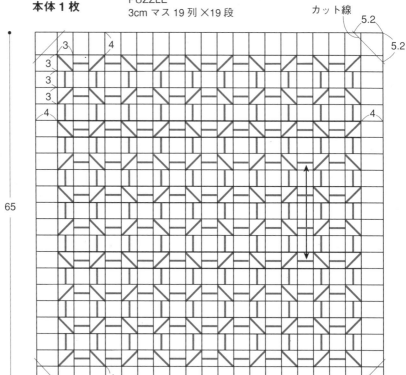

本体の準備

本体用布にオーガンジーを重ねて周囲と内側にしつけかける

作り方

①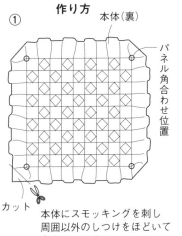

本体にスモッキングを刺し周囲以外のしつけをほどいて角をカットする

②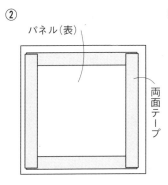

パネルに両面テープを貼る

③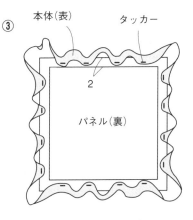

スモッキングのマス目を目安にして引っ張りながら角を合わせて周囲を折り、ひだのへこんだ箇所にタッカーを打つ

④

角にテープを貼り内側に沿わせて貼る側面は角に沿うように折り込む

⑤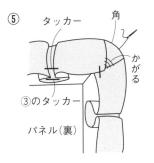

角をたたんでタッカーを打ち周囲のひだをたたんでタッカーを打つ角のひだをかがって縫い合わせる

参考文献

『Smock It To Me』Cheryl Whited（Muppin Inc）
『手芸』文化服装学院編（文化出版局）

素材協力

株式会社アルテモンド
tel.06-6231-2243
https://www.artemondo.co.jp/
https://www.rakuten.ne.jp/gold/number5collection/

生地の森
https://www.kijinomori.com

清原株式会社
https://www.kiyohara.co.jp

COSCLOTH
https://coscloth.jp

DARUMA FABRIC
〒541-0058　大阪府大阪市中央区久宝寺町 2-5-14
tel.06-6251-2199
http://www.daruma-fabric.com

ラ・ドログリー
mail：info@ladroguerie.jp
http://www.ladroguerie.jp
・京都北山店
〒603-8053　京都市北区上賀茂岩ヶ垣内町 98-4
tel&fax.075-724-9711
・心斎橋店
〒542-0081　大阪市中央区南船場 3-4-26
THE PEAK SHINSAIBASHI 1 F
tel&fax.06-6253-2210
・オンラインストア
https://www.ladroguerie-japon.shop

nunocoto fabric
https://www.nunocoto-fabric.com

布のお店ソールパーノ
https://www.rakuten.co.jp/solpano
https://store.shopping.yahoo.co.jp/solpano
https://www.sunsquare.shop/c/solpano

メルヘンアート株式会社
〒130-0015　東京都墨田区横網 2-10-9
tel.03-3623-3760　fax.03-3623-3766
https://marchen-art-store.jp

リネンバード
〒158-0094　東京都世田谷区玉川 3-12-11
tel.03-5797-5517
mail：info@linenbird.com
https://linenbird.com

PROFILE

上村 幸 *Miyuki Uemura*

手芸家。服飾専門学校卒業後、ラ・ドログリーに勤務。2011年から手芸家として活動。ジャンルにとらわれず、さまざまなテクニックを織り交ぜながら手作りの楽しさを伝えている。大阪のアトリエでのプライベートレッスンやワークショップを開催、雑誌などでの作品発表を行なっている。
https://www.hazelutt.net/
Instagram　@cherry_hazelutt

STAFF

撮影　　　鏑木希実子
デザイン　橘川幹子
作図　　　大島幸
編集　　　恵中綾子（グラフィック社）

布で作る立体模様 ラティススモッキング
見てわかる 20 種類のパターンとアレンジ作品

2025 年 1 月 25 日　初版第 1 刷発行

著　者：上村 幸
発行者：津田淳子
発行所：株式会社グラフィック社
　　　　〒102-0073
　　　　東京都千代田区九段北 1-14-17
　　　　tel. 03-3263-4318（代表）
　　　　　　03-3263-4579（編集）
　　　　fax. 03-3263-5297
　　　　https://www.graphicsha.co.jp

印刷製本　TOPPANクロレ株式会社

定価はカバーに表示してあります。
乱丁・落丁本は、小社業務部宛にお送りください。小社送料負担にてお取り替えいたします。
著作権法上、本書掲載の写真・図・文の無断転載・借用・複製は禁じられています。
本書のコピー、スキャン、デジタル化等の無断複製は著作権法上の例外を除き禁じられています。本書を代行業者等の第三者に依頼してスキャンやデジタル化することは、たとえ個人や家庭内での利用であっても著作権法上認められておりません。

本書に掲載されている作品は、お買い上げいただいたみなさまに個人で作って楽しんでいただくためのものです。作者に無断で展示・販売することはご遠慮ください。

©Miyuki Uemura 2025 Printed in Japan
ISBN978-4-7661-3796-5　C2077